TOP 10 MOSKAU

MATT WILLIS

Links **Neues Ballett** Mitte **U-Bahn-Station Arbatskaja** Rechts **Kuskovo**

EIN DORLING KINDERSLEY BUCH

www.traveldk.com

Texte *Matt Willis*
Fotografien *Demetrio Carrasco, Jonathan Smith*
Kartografie *JP Map Graphics*
Redaktion & Gestaltung *Dorling Kindersley Ltd.*

Aktualisierte Neuauflage 2011/2012

Programmleitung *Dr. Jörg Theilacker, Dorling Kindersley Verlag*
Projektleitung *Birgit Walter, Augsburg*
Übersetzung *Annika Schroeter, München*
Redaktion *Gerhard Bruschke, München*
Schlussredaktion *Matthias Häber, Osnabrück*
Satz & Produktion *Dorling Kindersley Verlag*
Lithografie *Colourscan, Singapur*
Druck *Leo Paper Products, Hongkong, China*

ISBN 978-3-8310-1759-1
1 2 3 4 13 12 11 10

Die Top-10-Listen in diesem Buch sind nicht nach Rängen oder Qualität geordnet. Alle zehn Einträge sind in den Augen des Herausgebers von gleicher Bedeutung

Inhalt

Top 10 Moskau

Die Informationen in diesem Top 10 Reiseführer werden regelmäßig überprüft.

Wir haben uns intensiv bemüht, die Informationen in diesem Buch zum Zeitpunkt der Drucklegung auf den neuesten Stand zu bringen. Angaben wie Telefonnummern, Öffnungszeiten, Preise, Ausstellungen und Fahrpläne unterliegen jedoch Veränderungen. Der Herausgeber kann für eventuell hieraus entstehende Schäden nicht haftbar gemacht werden. Für Hinweise, Verbesserungsvorschläge und Korrekturen ist der Verlag dankbar. Bitte richten Sie Ihr Schreiben an:

Dorling Kindersley Verlag GmbH
Redaktion Reiseführer
Arnulfstraße 124
80636 München
travel@dk-germany.de

Links **Mariä-Entschlafens-Kathedrale** Mitte ***Matrjoškas*** Rechts **Hotel Metropol**

Stadtteile

Reise-Infos

Links **Historisches Museum, Roter Platz** Rechts **Alexanderpark**

TOP 10 MOSKAU

Highlights

Obwohl Stalin einen Großteil des architektonischen Erbes Moskaus vernichtete, weist die Stadt mittelalterliche Überreste auf, die der sowjetischen Zerstörungswut standhielten. Kleine Kirchen mit Zwiebeltürmchen und Villen aus dem 19. Jahrhundert konkurrieren mit Hochhäusern im Zuckerbäckerstil und zehnspurigen Ringstraßen. Das wunderbare Metronetz ist die größte Errungenschaft des Kommunismus. In den letzten Jahren haben sich gewagte moderne Bauten in Moskaus Stadtsilhouette eingereiht. Gleichzeitig investieren die Moskowiter mehr und mehr Geld in den Wiederaufbau verlorener Wahrzeichen wie etwa der Erlöserkathedrale (siehe S. 75).

1 Basiliuskathedrale

Der Kirchenbau wurde im 16. Jahrhundert unter Ivan dem Schrecklichen errichtet. Dieses Prachtstück Moskaus hat über die Jahre nicht an Reiz verloren *(siehe S. 8f)*.

2 Roter Platz

Auf dem historischen Krasnaja Ploščad stehen zwei der bekanntesten Attraktionen Moskaus – Basiliuskathedrale und Lenin-Mausoleum *(siehe S. 10f)*.

3 Mariä-Entschlafens-Kathedrale

Die eindrucksvollen Goldfresken im Innenraum waren ab dem 16. Jahrhundert Kulisse für Krönungszeremonien *(siehe S. 12f)*.

4 Rüstkammer

Mit ihren glänzenden Waffen und unbezahlbaren Schätzen, darunter erlesene Diamanten und Fabergé-Eier, bietet die Rüstkammer faszinierende Einblicke in die Welt des russischen Adels *(siehe S. 14f)*.

5 Puškin-Museum der bildenden Künste

Die weltberühmte Sammlung umfasst ungefähr 500 000 Meisterwerke aus der ganzen Welt, darunter sind auch antike Artefakte, Skulpturen und Gemälde *(siehe S. 16f)*.

Vorhergehende Doppelseite **Basiliuskathedrale, Roter Platz**

Bolšoj-Theater 6

Das Bolšoj ist nach der Mailänder Scala Europas zweitgrößtes Opernhaus und beherbergt eine der ältesten Balletttruppen der Welt. Wegen umfassender Renovierungsarbeiten am großen Saal finden derzeit die Aufführungen im Neuen Bolšoj-Theater statt *(siehe S. 18f)*.

7 Tretjakov-Galerie

Diese Galerie entwickelte sich von einer bescheidenen Sammlung im Privathaus des Kunstfreunds Pavel Tretjakov zu einer der weltweit größten Sammlungen russischer Kunst *(siehe S. 20–23)*.

8 U-Bahn-Stationen

Moskaus U-Bahnhöfe sind wahre Baudenkmäler. Jeder Bahnhof repräsentiert sowjetische Ideale. An einigen stehen beeindruckende Skulpturen, während andere mit Mosaiken oder Bleiglasfenstern verziert sind *(siehe S. 24f)*.

Neues Jungfrauenkloster 9

Die UNESCO-Welterbestätte ist ein herausragendes Beispiel für die Barockarchitektur des 17. Jahrhunderts. Hier befindet sich auch der bekannteste Friedhof der Stadt *(siehe S. 26f)*.

10 Kolomenskoje

Die beliebte Sommerresidenz der Zaren liegt besonders idyllisch am Ufer der Moskva. Heute ist sie ein beliebtes Ziel für einen Tagesausflug *(siehe S. 28f)*.

Stadtrundfahrten durch Moskau **siehe S. 105**

Basiliuskathedrale

Die farbenfrohe Kathedrale mit ihren Ziegelmauern und Zwiebeltürmchen ist eines der bekanntesten Wahrzeichen Russlands. Ivan der Schreckliche ließ sie 1552 anlässlich des Sieges über die 800 Kilometer östlich von Moskau gelegene Tatarenstadt Kazan erbauen. Die Kathedrale besteht aus acht Kapellen, die jeweils die erfolgreichen Angriffe auf Kazan symbolisieren. Später kam eine neunte Kapelle als Grabstätte Basilius' des Seligen hinzu. Der berühmte Asket fungierte als Namensgeber der Kathedrale.

Innenraum der Basiliuskathedrale

In der Hauptkapelle kann man mit etwas Glück den Männerchor der Kapelle singen hören. Die orthodoxen Gesänge sind auch auf CD zu haben.

Das nahe gelegene Einkaufszentrum GUM *(siehe S. 64)* bietet zahlreiche Cafés und Eisdielen.

- *Stadtplan N3*
- *Krasnaja ploščad 2*
- *U-Bahn: Ochotnyj Rjad, Ploščad Revoljucii*
- *Mai–Nov: 11–18 Uhr; Dez–Apr: 11–17 Uhr*
- *Eintritt: 150 Rub*

Top 10 Kirchenpracht

1. Galerie
2. Ikonostase
3. Zeltdach-Glockenturm
4. Holztreppen
5. Zwiebeltürme
6. Basiliuskapelle
7. Zyprianskapelle
8. Fresken
9. Der Name St. Basilius
10. Ausstellung

1 Galerie

Die Galerie *(oben)* besteht aus schmalen Gängen und Treppenaufgängen. Sie verbindet die Kapellen über mehrere Ebenen. Im 17. Jahrhundert wurde sie überdacht und danach allmählich mit floral und geometrisch verzierten Fliesen ausgekleidet.

2 Ikonostase

Die neun Ikonostasen *(rechts)* der Kathedrale symbolisieren die Trennung zwischen göttlicher und irdischer Welt. Sie enthalten über 400 Ikonen aus den berühmten Ikonen-Malschulen von Moskau und Novgorod.

Ikonostase ist eine mit Ikonen geschmückte Wand mit drei Türen, die in orthodoxen Kirchen steht.

3 Zeltdach-Glockenturm

Der Ende des 17. Jahrhunderts zur Basiliuskathedrale hinzugefügte Glockenturm *(links)* steht an der südlichen Ecke des Baus. 1918 schlossen die Kommunisten die Kathedrale und schmolzen die Glocken ein. Erst 1997 wurden neue Glocken gegossen, deren Läuten heute wieder über Moskau ertönt.

4 Holztreppen

Eine Wendeltreppe *(unten)* aus Holz führt in die Mariä-Schutz-Kapelle. Jahrhundertelang blieb sie unbemerkt, bis man sie im Zuge von Renovierungsarbeiten in den 1970er Jahren ganz zufällig entdeckte. Heute ist das historische Bauwerk öffentlich zugänglich.

5 Zwiebeltürme

Den Hauptturm der Kathedrale umgeben acht Zwiebeltürme – vier große und vier kleine *(Mitte)*. Die zunächst vergoldeten Kuppeln wurden 1670 erstmals bunt bemalt.

6 Basiliuskapelle

1588 ließ Zar Fjodor eine neunte Kapelle mit kleiner Kuppel bauen. Dort liegen die sterblichen Überreste Basilius' des Seligen (1468–1552).

7 Zyprianskapelle

Jede der acht Originalkapellen ist einem Heiligen gewidmet, an dessen Feiertag ein Angriff auf Kazan lanciert wurde. Am Zyprianstag fand der vorletzte Angriff statt. Die Kapelle mit der blauweiß gestreiften Kuppel ist eine der größten der Kathedrale.

8 Fresken

Jede Kapelle ist mit Ölgemälden aus dem 19. Jahrhundert verziert. Die erst vor kurzer Zeit vollständig restaurierten Fresken *(oben)* stammen ursprünglich aus dem 16. Jahrhundert.

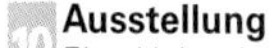

9 Der Name St. Basilius

Die Kathedrale erhielt ihren heute viel geläufigeren Namen erst, nachdem der Heilige Basilius dort begraben wurde. Zunächst hieß sie Mariä-Schutz-Kathedrale.

10 Ausstellung

Eine kleine Ausstellung am Haupteingang beleuchtet die Geschichte der Kathedrale. Sie enthält Waffen aus dem 16. Jahrhundert, die Ivan der Schreckliche gegen Kazan einsetzte.

Glücksfälle

Zwei Mal entging die Basiliuskathedrale nur knapp der Zerstörung. Während der Eroberung Moskaus 1812 befahl Napoléon ihre Sprengung, doch der Regen weichte das Sprengpulver auf. Stalin wollte den Bau abreißen, um den Weg für die auf dem Roten Platz aufmarschierenden Truppen frei zu machen, was der Architekt Baranovski verhinderte. Für seine Drohung, sich umzubringen, erhielt Baranovski fünf Jahre Arbeitslager.

Mehr zur Geschichte Moskaus **siehe S. 32f**

TOP 10 Roter Platz

Auf dem Roten Platz (Krasnaja Ploščad) wird seit Jahrhunderten Stadtgeschichte geschrieben, vornehme Bauten erinnern an die ereignisreiche Geschichte Moskaus. Hier ließ Ivan der Schreckliche Gefangene niedermetzeln, bis er seine Sünden in Lobnoje Mesto büßte und den Bau der Basiliuskathedrale in Auftrag gab. 1812 sprach der siegreiche Napoléon auf dem Platz zu seinen Truppen, während deren Pferde in der Kathedrale untergebracht waren. Die Kommunisten bauten das Lenin-Mausoleum, später rissen sie Auferstehungstor und Kazaner Kathedrale ab, um einen Paradeplatz zu schaffen. Heute präsentiert sich der Platz wieder in vorsowjetischem Zustand.

2 Basiliuskathedrale

Moskaus Prachtbau mit seiner eklektischen Mischung aus farbenfrohen Kuppeln *(oben)* und wunderbarem Interieur wurde 1561 errichtet *(siehe S. 8f)*.

Kilometer null, nahe dem Auferstehungstor

Große Taschen und Fotoapparate geben Sie in der Garderobe des Historischen Museums ab, bevor Sie für den Besuch des Lenin-Mausoleums Schlange stehen.

Das Bosco Café *(siehe S. 67)* im Einkaufszentrum GUM am Roten Platz bietet leckeres Eis und Süßspeisen.

- *Stadtplan M3*
- *Krasnaja ploščad*
- *U-Bahn: Ploščad Revoljucii, Teatralnaja, Ochotnyj Rjad*

Top 10 Baukunst

1. Žukov-Statue
2. Basiliuskathedrale
3. Lobnoje Mesto
4. Denkmal für Minin & Požarski
5. GUM
6. Kilometer null
7. Auferstehungstor
8. Lenin-Mausoleum
9. Historisches Museum
10. Kazaner Kathedrale

1 Žukov-Statue

Hoch zu Ross erhebt Marschall Žukov *(unten)* seine Hand als symbolische Geste der Verteidigung des Kreml. 1944 beendete er mit Erfolg die Belagerung Leningrads, drängte die Deutschen zurück und nahm 1945 Berlin ein.

3 Lobnoje Mesto

Entgegen seinem düsteren Namen »Exekutionsplatz« diente dieser Ort immer nur für Ansprachen. Seit dem 16. Jahrhundert gaben Anführer hier ihre wichtigen Erklärungen ab.

4 Denkmal für Minin & Požarski

Die imposante Statue zeigt die beiden legendären russischen Helden, die die polnischen Truppen 1612 aus dem Kreml fortjagten.

Der Rote Platz gehört seit 1990 zum UNESCO-Welterbe.

5 GUM

An der Ostseite des Platzes steht das Einkaufszentrum *(unten)* aus dem 19. Jahrhundert, damals das größte in Europa. Die drei hohen Arkaden verbinden elegante Durchgänge *(siehe S. 64)*.

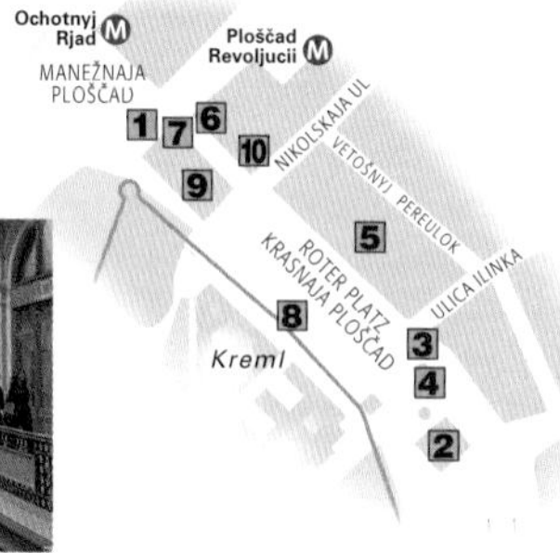

6 Kilometer null

Die auf dem Boden angebrachte Messingplakette markiert den geografischen Mittelpunkt der Stadt. Hier liegen viele Münzen am Boden – das soll Glück bringen.

7 Auferstehungstor

1995 wurde es als Kopie des Tors aus dem 17. Jahrhundert gebaut, welches Stalin abriss, um Platz für Truppenaufmarsche zu schaffen.

8 Lenin-Mausoleum

Das Mausoleum von Alexej Ščusev besitzt eine Dachterrasse, von der aus die Staatschefs Militärparaden zusahen *(siehe S. 63)*.

Kreml-Mauergräber

In diesen Gräbern *(siehe S. 63)* werden seit 1917 die Urnen von Sowjethelden beigesetzt. Damals wurden hier etwa 200 Revolutionäre bestattet. Führende Politiker wurden separat begraben. Stalins Leichnam balsamierte man ein und legte ihn neben Lenin, wo er bis 1961 blieb. Chruščov ließ ihn im Rahmen seines Entstalinisierungsprogramms entfernen.

9 Historisches Museum

Der imposante Ziegelbau *(Mitte)* zeigt eine faszinierende Ausstellung von 20 000 Exponaten, darunter die Reste eines altsteinzeitlichen Mammuts *(siehe S. 63)*.

10 Kazaner Kathedrale

Die 1993 im Stil des 17. Jahrhunderts wiedererrichtete Kathedrale *(rechts)* birgt eine Nachbildung der wundertätigen Ikone der Jungfrau von Kazan *(siehe S. 37)*.

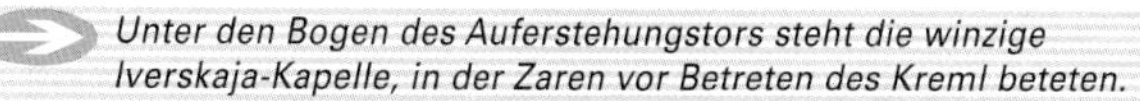

Unter den Bogen des Auferstehungstors steht die winzige Iverskaja-Kapelle, in der Zaren vor Betreten des Kreml beteten.

Top 10 Mariä-Entschlafens-Kathedrale

Die 1326 erbaute Kathedrale wurde 1470 von dem italienischen Architekten Aristotele Fioravanti im Renaissance-Stil umgebaut. Jahrhundertelang fanden hier wichtige Zeremonien wie 1547 die Krönung Ivans des Schrecklichen statt sowie Weihungen oder Bestattungen von Patriarchen und Metropoliten. Das Gotteshaus behielt seine Bedeutung auch, als die Hauptstadt 1713 nach St. Petersburg umzog, wurde aber 1918 von den Kommunisten geschlossen. Erst seit 1990 werden hier wieder Gottesdienste abgehalten.

Südportal aus dem 15. Jahrhundert

Die beste Aussicht auf die Kathedralentürme des Kreml hat man von der Südseite am gegenüberliegenden Ufer der Moskva.

Im Kreml gibt es keine Cafés. Die nächstgelegenen befinden sich in der Manež Mall *(siehe S. 52).*

- *Stadtplan M4*
- *Kreml*
- *U-Bahn: Alexandrovski Sad, Biblioteka imeni Lenina, Borovickaja*
- *(495) 697 0349 (Führung vorab telefonisch buchen)*
- *Fr–Mi 10–17 Uhr*
- *Eintritt: 350 Rub*
- *www.kremlin.ru*

Top 10 Kirchenpracht

1. Patriarchenstuhl
2. Ikonostase
3. Tabernakel
4. Fresken
5. Ikone des hl. Georg
6. Gottesmutter von Vladimir
7. Thron des Monomach
8. Grab des Metropoliten Pjotr
9. Grab des Metropoliten Iona
10. Kronleuchter

1 Patriarchenstuhl

Den Gebetsstuhl aus weißem Stein nutzten Kirchenoberhäupter ab dem 16. Jahrhundert. Der Metropolit St. Philip II. (1507–1569) weigerte sich, 1568 Ivan den Schrecklichen auf diesem Stuhl zu segnen.

2 Ikonostase

Die aufragende Ikonostase *(rechts)* von 1813 dominiert die Kathedrale. 1812 hatten napoleonische Truppen das 1652 angefertigte Original zerstört. Die bemerkenswerte Ikonenserie auf Blattgold erhebt sich über fünf Ebenen und wird von einer wunderbaren Christusdarstellung aus dem 14. Jahrhundert gekrönt.

3 Tabernakel

Das Bronzetabernakel wurde 1624 gegossen. Es diente der Aufbewahrung von Russlands heiligen Reliquien wie etwa dem einem der vier Kreuzigungsnägel Christi. Heute birgt es die Überreste des Patriarchen Germogen *(1530–1612)*.

Der Patriarch ist das Oberhaupt der russisch-orthodoxen Kirche, Metropoliten (Erzbischöfe) stehen Regionen oder Städten vor.

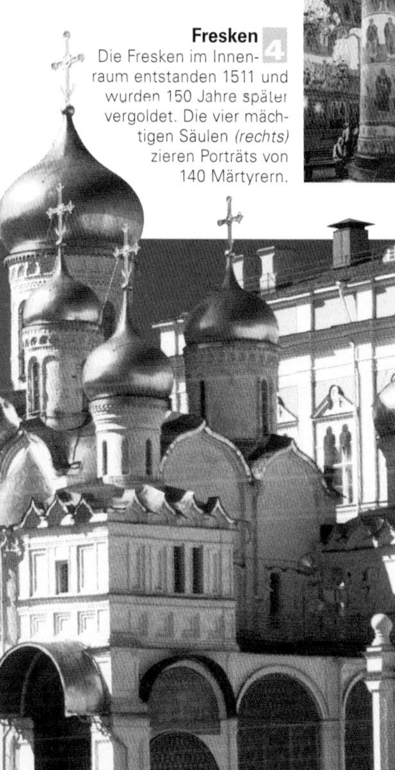

4 Fresken
Die Fresken im Innenraum entstanden 1511 und wurden 150 Jahre später vergoldet. Die vier mächtigen Säulen *(rechts)* zieren Porträts von 140 Märtyrern.

5 Ikone des hl. Georg
Diese Ikone aus dem 12. Jahrhundert zeigt den jungen Georg. Sie wurde 1930 auf der Rückseite einer Ikone unter einer Farbschicht entdeckt.

6 Gottesmutter von Vladimir
In einem vergoldeten Tabernakel neben der Ikonostase wird eine aus dem 16. Jahrhundert stammende Kopie dieser Ikone *(unten)* aufbewahrt.

7 Thron des Monomach
Der reich geschmückte Gebetsstuhl Ivans des Schrecklichen ist nach der rückwärtigen Bildtafel mit der Darstellung Prinz Vladimir Monomachs (1053–1155) benannt.

8 Grab des Metropoliten Pjotr
Der religiöse Führer gründete diese Kathedrale 1326. Sein opulentes Grab befindet sich in einem Schrein mit Silbersäulen, unter einem Zeltdach mit Goldkuppel.

9 Grab des Metropoliten Iona
Der hl. Iona wurde 1448 Metropolit von Moskau. Sein mit Gold und Silber geschmückter Schrein ist eine der prachtvollsten Grabmale in der Kathedrale.

10 Kronleuchter
Der Kronleuchter *(rechts)* entstand aus Gold, welches Napoléons Soldaten während der Belagerung Moskaus 1812 plünderten, dann aber zurückließen.

Randnotizen der Geschichte
Während der Belagerung durch Napoléon 1812 wurde die Kathedrale wie viele andere als Pferdestall benutzt. Die französischen Truppen zersägten die Ikonostase und benutzten die Reste als Brennholz. Angeblich wohnte Stalin hier 1941 einem geheimen Gottesdienst bei, als die Deutschen auf Moskau zumarschierten.

Leuchtende Fresken mit der Darstellung des Jüngsten Gerichts bedecken einen Großteil der Westmauer der Kathedrale.

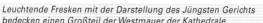

TOP 10 Rüstkammer

Die fantastische Sammlung von Waffen und Schätzen bietet faszinierende Einblicke in den immensen Reichtum und die Macht, die die russische Aristokratie jahrhundertelang genoss. Moskaus Herrscher begannen bereits im 14. Jahrhundert, ihre Schätze in den Kellern des Kreml zu lagern. Als der Platz nicht mehr ausreichte, wurde eine Schatzkammer zwischen den Kathedralen der Festung erbaut. 1806 wurde die Sammlung erstmals öffentlich gezeigt. Die jetzige Rüstkammer wurde im Auftrag von Zar Nikolaus I. als Museum erbaut. Das Konzept von Konstantin Ton wurde nach sieben Jahren Bauzeit 1851 vollendet. Zu sehen sind dort bemerkenswerte Kutschen, unschätzbar wertvolle liturgische Gegenstände, glitzernde Thronsessel und einige der weltgrößten Schmuckstücke, darunter der berühmte Orlov-Diamant.

Elegantes Interieur der Rüstkammer

Eintrittskarten kauft man vorab am Schalter des Kutafja-Turms.

Tickets für den Diamantenfonds bekommt man nur in der Rüstkammer.

Große Taschen muss man in der Garderobe am Kutafja-Turm abgeben.

Erfrischungen gibt es in der nahe gelegenen Manež Mall *(siehe S. 52).*

- *Stadtplan M4*
- *Kreml*
- *(495) 697 0349*
- *U-Bahn: Biblioteka imeni Lenina, Borovickaja, Aleksandrovski Sad*
- *Einlass um 10, 12, 14.30 und 16.30 Uhr*
- *Eintritt: 350 Rub*
- *www.kremlin.ru*

Top 10 Faszination

1. Diamantenthron
2. Krönungsrobe Katharinas der Großen
3. Russische Waffen
4. Kutschen & Zaumzeug
5. Miniaturen
6. Monomachkappe
7. Diamantenfonds
8. Orlov-Diamant
9. Staatsgeschenke
10. Fabergé-Eier

1 Diamantenthron

Den edelsteinbesetzte Sandelholzthron *(unten)* war im 17. Jahrhundert das Geschenk einer armenischen Handelsgesellschaft an Zar Alexej.

2 Krönungsrobe Katharinas der Großen

Unter den königlichen Roben ist auch Katharinas reich bestickte Silberrobe. Die im Alter von 16 Jahren mit Zar Peter III. zwangsverheiratete Katharina zwang ihren Gemahl Jahre später zum Abdanken und riss die Macht an sich.

3 Russische Waffen

Im Runden Saal sind Waffen aus dem 12. Jahrhundert. Säbel und Dolche befinden sich hier neben Steinschlossgewehren aus dem 17. Jahrhundert und Kettenhemden.

Sowjetische Architektur **siehe S. 46f**

4 Kutschen & Zaumzeug

Zu sehen sind hier u. a. der samtbezogene Sattel Ivans des Schrecklichen und Zaumzeug, das Katharina die Große vom türkischen Sultan Abdul Hamid erhielt. Die älteste Kutsche *(links)* war ein Geschenk, das König James I. 1604 Boris I. machte.

5 Miniaturen

Die Sammlung kaiserlicher Kutschen enthält auch zwei entzückende Miniatur-Kutschen, die im 18. Jahrhundert für die Kinder Peters des Großen angefertigt wurden.

6 Monomachkappe

Die Goldkrone mit Edelsteinen und Zobelpelzbesatz wurde von der Krönung Ivans des Schrecklichen 1547 bis 1682 für Krönungszeremonien benutzt.

7 Diamantenfonds

Highlights der Sammlung sind die Zarenkrone *(oben)* mit fast 5000 Diamanten und der Schah-Diamant, den Schah Mirza dem Zaren Nikolaus I. als Entschädigung für die Ermordung des russischen Botschafters in Persien überreichte.

8 Orlov-Diamant

Der viertgrößte Diamant der Welt schmückt das kaiserliche Zepter. Er stammt aus einem indischen Tempel und war ein Geschenk des Fürsten Orlov an seine Geliebte, Zarin Katharina die Große.

9 Staatsgeschenke

Unter den Luxusgaben von Diplomaten und Kaufleuten sind auch Tudor-Silberwaren, ein wunderbarer Silberdekanter, den Zar Alexius 1665 erhielt und ein 140-teiliges Porzellan-Dessert-Service von Sèvres. Napoléon schenkte es Alexander I. 1807.

10 Fabergé-Eier

Die Rüstkammer besitzt die weltweit größte Sammlung an Fabergé-Eiern *(links)*. Sie wurden zwischen 1885 und 1917 als Ostergeschenke für Zar Nikolaus II. und seine Familie angefertigt. Darunter ist eines mit einem winzigen Schiffsmodell.

Faszinosum Fabergé

Das neu erwachte Interesse an Fabergé-Eiern ist dem wohlhabenden Kunstsammler Malcolm Forbes (1919–1990) zu verdanken. Zwischen 1960 und 1990 spürte er neun Eier der russischen Zarenfamilie auf und bezahlte Unsummen dafür. Nach Forbes' Tod 1990 ersteigerte der russische Oligarch Viktor Vekselberg die Sammlung.

Im Diamantenfonds befindet sich das größte Goldnugget der Welt. Es wiegt 36,2 Kilogramm.

TOP 10 Puškin-Museum der bildenden Künste

Seit der Eröffnung 1912 hat das Museum rund 500 000 Kunstwerke zusammengetragen. Zunächst zeigte es Gipsabdrücke berühmter Skulpturen sowie eine erstklassige Auswahl ägyptischer Kunst. Die politischen Entwicklungen brachten eine erhebliche Erweiterung, die unter den Kommunisten praktizierte Verstaatlichung von Privateigentum bescherte dem Museum eine Vielzahl neuer Kunstwerke. Tausende Werke wurden zudem aus der Eremitage in St. Petersburg hergebracht. Die Sammlung impressionistischer, post-impressionistischer und moderner Kunst ist in der angrenzenden Galerie für Europäische und Amerikanische Kunst des 19. – 20. Jahrhunderts.

Exponate des Puškin-Museums

Ein großer Teil der Museumsbestände ist in drei benachbarten Gebäuden untergebracht. Im zentralen Museumsbau gibt es Eintrittskarten für alle Bereiche des Museums.

Das Museumscafé im Keller serviert Snacks und Kuchen zu vernünftigen Preisen.

- *Stadtplan L4*
- *Ulica Volchonka 12*
- *(495) 697 9578*
- *U-Bahn: Kropotkinskaja*
- *Di–So 10–19 Uhr (Do 10–21 Uhr)*
- *Eintritt: 500 Rub*
- *www.museum.ru/gmii*

Top 10 Kunstwerke

1. Gipsabgüsse von Meisterwerken
2. Heuwagen
3. Faijum-Porträts
4. Blaue Tänzerinnen
5. Schatz von Troja
6. Maria mit dem Kinde
7. Matisse- & Picasso-Sammlung
8. Bacchanalia
9. Rodčenko-Sammlung
10. Monet-Sammlung

1 Gipsabgüsse von Meisterwerken

In mehreren Museumssälen stehen Gipskopien klassischer griechischer und römischer Skulpturen *(Mitte)* sowie Kopien der Werke von Michelangelo und anderen Meistern der Renaissance. Ursprünglich dienten sie als Modelle für Kunststudenten.

2 Heuwagen

Landschaften zu schaffen war für Jean-Baptiste-Camille Corot das Wichtigste im Leben. 1860 malte er den *Heuwagen*. Das Werk zeigt den Übergang zum Impressionismus; die Frische der ländlichen Szene spiegelt sich in leichten Pinselstrichen wider.

3 Faijum-Porträts

In den 1870er Jahren fand man in der ägyptischen Region Faijum bemerkenswerte Porträts *(links)* auf Mumien. Sie sind erstaunlich realistisch und dienten im 1. Jahrhundert n. Chr. als Totenmasken. Die Porträts sind Teil der hochkarätigen Sammlung altägyptischer Kunst des Museums.

 Weitere Kunstmuseen & Galerien **siehe S. 38**

4 Blaue Tänzerinnen

Edgar Degas' wunderbare Pastellskizze *(oben)* von 1898 zeigt eine Tänzerin in verschiedenen Posen und illustriert die Technik des »zufälligen Blicks« mit der der Künstler flüchtige Eindrücke einer Szene einfing.

5 Schatz von Troja

Der 4500 Jahre alte Schatz des Priamos besteht aus Gold- und Silbertellern, Kelchen und Schmuck. Heinrich Schliemann fand ihn 1873 in der legendären Stadt.

6 Maria mit dem Kinde

Obwohl die rechte Tafel fehlt, zeigt dieses Werk *(unten)* von Lucas Cranach dem Älteren dessen Kunstfertigkeit. Er spielte eine Schlüsselrolle in der deutschen Renaissance. Realistische Darstellung, Perspektive und die Andeutung des Kreuzes zeichnen das Werk aus.

7 Matisse- & Picasso-Sammlung

1948 erwarb das Museum aus der Sammlung des Industriellen Sergej Ščukin einige Arbeiten von Henri Matisse und Pablo Picasso. Die Sammlung umfasst Werke wie etwa Matisse' *Spanierin mit Tamburin* (1909) und Picassos *Akrobatin auf einer Kugel* (1905).

8 Bacchanalia

Das Meisterwerk von Peter Paul Rubens ist Paradebeispiel der Barockmalerei des 17. Jahrhunderts. Gekonnt werden hier starke Hell-Dunkel-Kontraste mit Realismus verbunden, um die inneren Leiden darzustellen.

9 Rodčenko-Sammlung

Hunderte von minimalistischen Gemälden und Experimentalfotografien von Alexandr Rodčenko *(1891–1956)* sind neben Arbeiten seiner Frau Varvara Stepanova *(1894–1958)* zu sehen.

10 Monet-Sammlung

Die einst zu Sergej Ščukins Privatsammlung gehörenden Gemälde von Claude Monet umspannen über 30 Schaffensjahre und zeigen die Entwicklung des Künstlers vom figurativen *Frühstück im Grünen* (1866) zur impressionistischen *Kathedrale von Rouen* (1893).

Geraubter deutscher Schatz

1880 schenkte Heinrich Schliemann die Faijum-Porträts dem Kaiserlichen Museum zu Berlin. Dort blieben sie bis 1945. Nach Einmarsch der Roten Armee verschwanden sie und wurden nicht mehr gesehen. Erst 1993 tauchten sie im Puškin-Museum der bildenden Künste auf. Trotz eines offiziellen Rückgabeabkommens mit Deutschland sind sie bis heute dort.

Peter Paul Rubens' Bacchanalia *hängt neben diversen flämischen Werken aus derselben Epoche.*

TOP 10 Bolšoj-Theater

Das 1780 eröffnete Bolšoj-Theater ist Heimat eines der berühmtesten Ballettensembles der Welt. Nachdem es 1805 während Napoléons Invasion niedergebrannt war, wurde 1825 ein neues, von Osip Bove (1784–1834) entworfenes Theater vollendet, das jedoch 1853 ebenfalls einem Großbrand zum Opfer fiel. Den Wiederaufbau übernahm Architekt Albert Kavos, der die Gebäudehöhe steigerte und das jetzige Dekor schuf. Bis heute gilt das Bolšoj-Theater als Ballett- und Opernhaus von Weltrang und als eines der bedeutendsten Wahrzeichen von Moskau. Das Theater ist derzeit wegen Renovierung geschlossen, Vorstellungen finden daher im Neuen Bolšoj-Theater statt.

Szene einer historischen Aufführung

Das Bolšoj hat ein Online-Buchungssystem. Karten kann man aber auch telefonisch auf Englisch reservieren.

Die Theaterbar serviert in den Pausen kleine Erfrischungen.

- *Stadtplan M2*
- *Teatralnaja ploščad 1*
- *(495) 692 0818*
- *U-Bahn: Teatralnaja*
- *11–19 Uhr (Kartenschalter)*
- *Eintritt: 600–4000 Rub*
- *www.bolshoi.ru*

Top 10 Bühnenzauber

1. Apoll im Sonnenwagen
2. Zuschauerraum
3. Beethovensaal
4. Portikus
5. Zarenloge
6. Kronleuchter
7. Apoll und die neun Musen
8. Neues Bolšoj-Theater
9. Große Premieren
10. Politische Instrumentalisierung

1 Apoll im Sonnenwagen

Die beeindruckende Bronzeskulptur von Apoll, dem Gott der Kunst, und dessen vier fliegenden Pferden *(oben)* thront seit 1825 auf dem Hauptportal des Bolšoj. Ihr Abbild ziert auch den 100-Rubel-Schein.

2 Zuschauerraum

Das Auditorium mit fünf reich verzierten Logenreihen fasst 2150 Zuschauer. Sein Erscheinungsbild ist von purpurrotem Stoff, weißem Stuck und viel Blattgold geprägt. Zur Restaurierung 1976 verwendete man sechs Kilogramm Gold.

3 Beethovensaal

Der 1920 anlässlich des 150. Geburtstags Beethovens eröffnete Saal *(unten)* hat prächtige Stuckdecken und mit Seide bespannte Wände.

Weitere Theater & Bühnen in Moskau **siehe S. 40f**

4 Portikus

Der vornehme Portikus mit seinen acht ionischen Säulen *(oben)* war Teil des 1825 realisierten Entwurfs von Osip Bove, dem Chefarchitekten Moskaus.

5 Zarenloge

Die luxuriöse Zarenloge mit ihrem purpurnen Samt *(Mitte)* dominiert die Rückwand des Saals. Über der Loge thront statt Hammer und Sichel wieder die Zarenkrone.

6 Kronleuchter

Ein 1863 aus Frankreich importierter 1,5 Tonnen schwerer Kronleuchter wurde 1895 durch 300 elektrische Glühbirnen ersetzt.

7 Apoll und die neun Musen

Der zentrale Kronleuchter wird von einem herrlichen Deckenfresko umrahmt. Es zeigt Apoll und die neun kreativen Musen *(oben)*. Das Gemälde entstand 1856 und wurde inzwischen restauriert.

8 Neues Bolšoj-Theater

Das neben dem Original gelegene Neue Bolšoj *(unten)* wurde als Ausweichbühne während der Renovierung des Bolšoj in nur sechs Monaten errichtet.

9 Große Premieren

Zu den Weltpremieren im Bolšoj zählen u. a. Čajkovskis *Schwanensee* (1877), Rachmaninovs *Aleko* (1893) und Glinkas *Ruslan und Ljudmila* (1842).

10 Politische Instrumentalisierung

1918 unterdrückte Lenin die Opposition, indem er 400 ihrer Abgeordneten zeitweise hier festsetzte.

Renovierung 2005–2011

2005 wurde das Theater wegen längst überfälliger Renovierungsarbeiten geschlossen, soll aber 2011 wiedereröffnen. Wegen der durch den unterirdischen Fluss Neglinnaja verursachten Absenkung des Sandbodens müssen auch die Grundmauern neu errichtet werden. Darüber hinaus will man die Akustik im Zuschauerraum weiter verbessern.

Osip Bove entwarf auch den Teatralnaja Ploščad (Theaterplatz) in Tverskaja.

TOP 10 Tretjakov-Galerie

Als Pavel Tretjakov 1856 im Empfangszimmer seiner Villa seine Gemäldesammlung zeigte, war das die Geburtsstunde der Tretjakov-Galerie. Seitdem hat sie sich mit über 130 000 Werken zu einer der besten Sammlungen russischer Kunst entwickelt. Tretjakov wollte einfachen Bürgern das gesamte Spektrum russischer Kunst zugänglich machen. Die Sammlung beginnt bei antiken Ikonen unbekannter Meister und endet bei vorrevolutionären, vom Fauvismus geprägten und von den Kommunisten als »degeneriert« verfemten Arbeiten. Werke des frühen 20. Jahrhunderts zeigt die Neue Tretjakov-Galerie.

Porträt von Pavel Tretjakov, Tretjakov-Galerie

Lassen Sie sich von der langen Warteschlange vor dem Eingang der Galerie nicht abschrecken. Alle 15-20 Minuten werden etwa 30 Personen eingelassen. Die Wartezeit ist daher nicht zu lang.

Die Galerie hat im Keller ein wunderbares Café, das Speisen und russisches Gebäck serviert. Oben gibt es auch ein Restaurant.

- *Stadtplan N5*
- *Lavrušinski pereulok 10*
- *(495) 951 1362*
- *U-Bahn: Tretjakovskaja, Novokuzneckaja*
- *Di–So 10–19.30 Uhr (Museum), Di–So 12–16 Uhr (Kirche)*
- *Eintritt: 250 Rub*
- *www.tretyakovgallery.ru*

Top 10 Attraktionen

1. Pavel Tretjakov
2. Ikonensammlung
3. Die Peredvižniki
4. Erste Erweiterung
5. Nikolauskirche in Tolmači
6. Porträtsammlung
7. Schatzkammer
8. Hauptfassade
9. Neue Tretjakov-Galerie
10. Erweiterungspläne

1 Pavel Tretjakov

Der begüterte Bankier Pavel Tretjakov (1832–1898) liebte russische Kunst. Sein Bruder Sergej sammelte hingegen westliche Werke. Als Pavel starb, hatten beide über 1600 Arbeiten zusammen getragen.

2 Ikonensammlung

Die Galerie besitzt große Ikonensammlungen *(siehe S. 22)* mit Werken von Dionysius *(oben)* und Rubljov. Somit konnten Ikonen aus den vom Sowjetregime geschlossenen Kirchen katalogisiert werden.

3 Die Peredvižniki

Die als »Die Wanderer« bekannte Künstlergruppe des späten 19. Jahrhunderts organisierte Wanderausstellungen, um Kunst in die Provinzen zu bringen. Die Peredvižniki malten russische Alltagsszenen. Zu ihnen gehörten Ilja Repin, Isaak Levitan und Vasili Surikov.

4 Erste Erweiterung

1872 sprengte die immer umfangreichere Tretjakov-Sammlung den Rahmen der Familienvilla, sodass man anbaute. Nach Pavels Tod zog die Familie aus, ihre Wohnräume wurden in die Galerie integriert.

1892 vermachte Tretjakov die Sammlung und das Gebäude der Stadt Moskau. Ein Jahr später wurde das Museum eröffnet.

5 Nikolauskirche in Tolmači

Die an das Hauptgebäude angrenzende Kirche dient ebenfalls als Museum. Zu den Highlights zählen die eindrucksvolle fünfstöckige Ikonostase aus dem 17. Jahrhundert und die Vladimir-Ikone der Muttergottes *(siehe S. 22)*, eine der wichtigsten Reliquien Russlands.

6 Porträtsammlung

Tretjakov wollte eine Porträt-Galerie bekannter Russen anlegen, sammelte Geld und gab Porträts in Auftrag. Die Abbildung Lev Tolstojs war eines dieser Auftragswerke.

7 Schatzkammer

In der Schatzkammer befinden sich religiöse Exponate des 12. Jahrhunderts, darunter Ikonen und zahlreiche Bibeln und Manuskripte mit aufwändiger Bindung.

8 Hauptfassade

1902 gestaltete der russische Maler und Grafiker Viktor Vasnecov die Fassade der Galerie *(Mitte)* neu. Ihr Zentrum bildet ein Relief des hl. Georg.

9 Neue Tretjakov-Galerie

Obwohl sie in einem reizlosen Betonbau untergebracht ist, besitzt die Neue Tretjakov-Galerie *(siehe S. 89)* eine bemerkenswerte Sammlung von Gemälden und Skulpturen *(oben)*. Sie gilt als wichtigste sowjetische Kunstsammlung der Welt.

10 Erweiterungspläne

Im Jahr 2008 kündigte der Galeriedirektor Valentin Rodionov an, dass man die Ausstellungsfläche verdoppeln und die Neue Tretjakov-Galerie *(oben)* renovieren werde. Der Staat verweigerte zwar seine Unterstützung bei der Finanzierung dieser ambitionierten Pläne, aber Russlands einflussreiche Oligarchen werden wohl einspringen.

Galerieführer

Die Tretjakov-Galerie hat 62 Säle auf zwei Etagen. Direkt am Eingang kommt man in das untere Foyer zum Kartenschalter und zu den Garderoben. Über die Haupttreppe geht es in den ersten Stock der Galerie, mit seiner chronologisch angeordneten Gemäldeausstellung, die in Saal 1 beginnt. Stufen führen vom Ostflügel hinunter ins Erdgeschoss, wo es von Raum 55 aufwärts zur Schatzkammer geht.

Weitere Kunstmuseen in Moskau **siehe S. 38f**

Links **Neue Tretjakov-Galerie** Rechts ***Ivan der Schreckliche und sein Sohn*** **von Ilja Repin**

Tretjakov-Künstler

1 Ikonensammlung – Feofan Grek

Der Mönch Theophanes malte im 14. Jahrhundert in Moskau und Novgorod byzantinische Ikonen. *Verklärung* und *Entschlafung* sind für ihn typische geometrische Kompositionen.

2 Ikonensammlung – Dionysius

Dionysius, ein bekannter Ikonenmaler des 15. Jahrhunderts, gilt als Gründer der Moskauer Ikonenschule. *Die Kreuzigung* vermittelt sein Streben, spirituelle Vollkommenheit darzustellen.

3 Ikonensammlung – Andrej Rubljov

Der Theophanes-Schüler Rubljov wird als einer der größten Ikonenmaler Russlands verehrt. Die simple Komposition *Dreifaltigkeit* zeigt die drei Engel mit Abraham.

Dreifaltigkeit **von Andrej Rubljov**

4 Ikonensammlung – Vladimir-Ikone der Muttergottes

Die Ikone aus dem 12. Jahrhundert zählt mit ihrer eindrücklichen Mariendarstellung zu den wichtigsten Heiligtümern Russlands. Sie soll Moskau mehrmals vor Angriffen geschützt haben.

5 Ikonensammlung – Pskover Ikonenschule

Pskovs Ikonenmaler entwickelten einen von poetischer und farbenfroher Malweise geprägten Stil. Die einfachen, aber wirksamen Farbkontraste von *Die Heiligen Boris und Gleb* zeigen dies.

6 Vrubel-Sammlung

Russlands bekanntester Symbolist Michail Vrubel (1856–1910) malte das Monumentalbild *Traumprinzessin*, das die ganze Wand bedeckt. Zu seinen Arbeiten zählt auch die Keramik-Kaminverkleidung *Volga und Mikula*.

7 Brjullov-Sammlung

Die Werke Karl Brjullovs (1799–1852) werden von der *Belagerung Pskovs* (1831–43) dominiert, die russische Priester 1581 beim Marsch gegen polnische und litauische Soldaten zeigt.

8 Levitan-Sammlung

Isaak Levitan (1860–1900) faszinierten weite Ausblicke und Stimmungen. Sein Gemälde *Vladimirka* (1894) zeigt eine Straße, auf der Verbannte nach Sibirien gelangten.

Infos über Ilja Repin im Internet **www.ilja-jefimowitsch-repin.de**

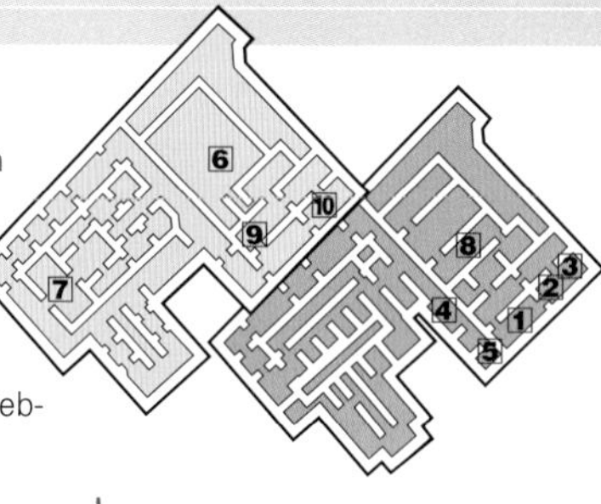

9 Repin-Sammlung
Eines der bewegendsten Werke des »Wanderers« Ilja Repin (1844–1930) ist *Ivan der Schreckliche und sein Sohn* (1885). Es zeigt das Entsetzen Ivans, als er feststellt, dass er seinen geliebten Sohn getötet hat.

10 Surikov-Sammlung
Der »Wanderer« Vasili Surikov (1848–1916) war Meister der historischen Komposition. Der *Morgen der Hinrichtung der Strelizen* (1881) zeigt chaotische, emotionale Szenen mit diversen faszinierenden Charakteren.

Neue Tretjakov-Galerie

Die Neue Tretjakov-Galerie liegt 15 Gehminuten entfernt im Zentralen Künstlerhaus (siehe S. 38). *Die Galerie-Sammlung ist chronologisch angeordnet und beginnt mit dem frühen 20. Jahrhundert mit Arbeiten wie* Baden des roten Pferdes *des Symbolisten Kuzma Petrov-Vodkin. Es geht weiter zu Werken zur russischen Revolution von 1917 und später. Während des Kommunismus unterstützte der Staat jene Künstler, die idealisierenden, sozialistischen Realismus malten und Werke schufen, die von »der Masse verstanden und geschätzt« wurden. Viele andere künstlerische Bewegungen, insbesondere die Avantgarde und später die Konzeptkunst, wurden unterdrückt und ihre Anhänger verfolgt. Erst nach dem Zerfall der Sowjetunion konnten die Kuratoren die in der hauseigenen Sammlung vertretene gesamte sowjetische Kunst des 20. Jahrhunderts ungehindert zeigen.*

Top 10 Kunstwerke

1. *Baden des roten Pferdes* (1912) von Kuzma Petrov-Vodkin (1878–1939)
2. *Am Meer. Eine Familie* (1962/4) von Dmitrj Žilinski (*1927)
3. *Brief von der Front* (1947) von Alexandr Laktionov (1910–1972)
4. *Iosif Stalin und Kliment Vorošilov* (1938) von Alexandr Gerasimov (1881–1963)
5. *Der Arbeiter und der Kollektivbauer* (1936) von Vera Muchina (1899–1953)
6. *Künftige Piloten* (1938) von Alexandr Dejneka (1899–1969)
7. *Sakko und Vanzetti* (1927) von Alexandr Tyšler (1898–1980)
8. *Über der Stadt* (1914–1918) von Marc Chagall (1887–1985)
9. *Dämmerung* (1917) von Vasili Kandinski (1866–1944)
10. *Schwarzes Quadrat* (1915) von Kazimir Malevič (1878–1935)

Baden des roten Pferdes **von Kuzma Petrov-Vodkin**

Weitere Museen in Moskau **siehe S. 34f**

TOP 10 U-Bahn-Stationen

Im Zuge der Pläne, Moskau zur Welthauptstadt des Kommunismus zu machen, wurden 1935 die ersten U-Bahnhöfe als strahlende Vorzeigeprojekte des sowjetischen Erfolgs geplant. Tausende Arbeiter und von Patriotismus beseelte Freiwillige gruben mit einfachen Spitzhacken und Schaufeln die Tunnel. Heute sind die Bahnhöfe mit ihren Beispielen originaler Sowjetkunst wahre Museen für kommunistische Ästhetik. Die Moskauer U-Bahn befördert täglich auf zwölf Linien sieben Millionen Passagiere zu 177 Bahnhöfen.

U-Bahnhof Kropotkinskaja

Zur Orientierung kündigt eine Männerstimme vom Band Bahnhöfe die ost- und südwärts fahrenden Züge an, während eine Frauenstimme die west- und nordwärts fahrenden Züge ansagt.

Kioske mit Getränken und warmen Snacks findet man in den Durchgängen.

- *Stadtplan: D2 (Majakovskaja); N3 (Ploščad Revoljucii); L5 (Kropotkinskaja); M2 (Teatralnaja); G1 (Komsomolskaja); R6 (Taganskaja); C4 (Kievskaja); P5 (Novokuzneckaja); E1 (Novoslobodskaja); L4 (Arbatskaja)*
- *5.30–1 Uhr*
- *http://engl.mosmetro.ru*

Top 10 Bahnhofskunst

1. Majakovskaja
2. Ploščad Revoljucii
3. Kropotkinskaja
4. Teatralnaja
5. Komsomolskaja
6. Taganskaja
7. Kievskaja
8. Novokuzneckaja
9. Novoslobodskaja
10. Arbatskaja

1 Majakovskaja (1938)

Majakovskaja ist eine der schönsten Metro-Stationen der Welt. Mit Art-déco-Elementen und 35 Deckenmosaiken, die »24 Stunden im Land der Sowjets« darstellen, wurde sie weltberühmt. 1938 wurde sie auf der New York World Trade Fair prämiert.

2 Ploščad Revoljucii (1938)

In Stalins beliebtester Station Ploščad Revoljucii stehen in Nischen 80 lebensgroße Bronzeskulpturen *(oben)* von Sowjetbürgern. Die Schnauzen der Wachhunde zu reiben, soll für Prüfungen Glück bringen.

3 Kropotkinskaja (1935)

Die ursprünglich als Haltestelle am nie verwirklichten Sowjetpalast gebaute Kropotkinskaja ist vornehm angelegt. Die durchgehende Decke der Zentralhalle wird von zwei Säulenreihen getragen.

4 Teatralnaja (1938)

Die als Huldigung der Künste konzipierte Decke dieses Bahnhofs ist mit exquisiten Porzellanfiguren verziert. Sie stellen tanzende Männer und Frauen aus sieben der elf Sowjetrepubliken dar und tragen traditionelle Trachten.

Bis 2015 soll Moskaus U-Bahn-Netz um 43 Bahnhöfe erweitert werden.

5 Komsomolskaja (1952)

Dieser Bahnhof *(Mitte)* im Barockstil weist mehr kommunistische Andenken auf als die meisten anderen: eine Leninbüste, ein Mosaik mit Lenin, der vor einer Menschenmenge am Kreml spricht, und ein Kuppelsaal mit rotem Stern.

6 Taganskaja (1950)

Die marmorverkleideten Stützpfeiler der Taganskaja *(oben)* tragen jeweils ein Keramikrelief, das einen Sowjethelden auf himmelblauem Untergrund zeigt.

7 Kievskaja (1954)

Der elegante Bahnhof sollte Russlands Freundschaft mit der Ukraine würdigen. Auf den Stützpfeilern sind imitierte Mosaiken *(unten)* zu sehen. Sie zeigen Alltagsszenen aus dem Leben in der früheren Sowjetrepublik Ukraine.

8 Novokuzneckaja (1943)

Diese während des Zweiten Weltkriegs erbaute Station sollte militärischen Heldenmut würdigen. Sie weist Bronzeporträts heldenhafter Führer auf sowie einige schöne Deckenmosaiken.

9 Novoslobodskaja (1952)

Novoslobodskaja ist berühmt für ihre beleuchteten Buntglasscheiben lettischer Künstler, die Sowjetbürger zeigen.

10 Arbatskaja (1953)

Die Station Arbatskaja *(links)* liegt an der Arbatsko-Pokrovskaja-Linie, einer der längsten und tiefstgelegenen der Metro. Die anmutige Zentralhalle besitzt ein hohes Deckengewölbe mit reicher Verzierung.

U-Bahnlinie 2 – die Kreml-Linie

Obwohl die Existenz der U2 nie bestätigt noch dementiert wurde, glauben die meisten Moskowiter, dass Stalin sie in 1950er Jahren baute. Die geheime Linie soll unter dem regulären U-Bahn-Netz verlaufen und den Kreml mit dem Flughafen Vnukovo und Atombunkern verbinden. Später sollen weitere Strecken zum Zentralkomitee, diversen Geheimorten und zu zivilen Institutionen wie der Moskauer Staatsuniversität *(siehe S. 97)* hinzugekommen sein.

Aufgrund ihrer teilweise sehr anspruchsvollen Architektur sind die Stationen der Moskauer Metro als unterirdische Paläste bekannt.

TOP 10 Neues Jungfrauenkloster

Die herrliche UNESCO-Welterbestätte wurde 1524 im Gedenken an die 1514 erfolgte Befreiung von Smolensk durch Basilius III. gegründet. Viele Adelige traten in den Orden ein, der zu einer Art Aristokratenkonvent wurde. Zarevna Sophia Alexejevna (1657–1704), die Russland übergangsweise regierte, veranlasste den Umbau vieler Gebäude im reich verzierten Moskauer Barockstil. 1812 besetzten Napoléons Truppen das Kloster, später diente es als Frauengefängnis und seit dem Kommunismus als Museum.

Lopuchin-Palast

Kirchen sind nur während Gottesdiensten offen: 8–10 Uhr und 17–19 Uhr.

Übersichtskarten des Novodeviči-Friedhofs bekommt man am Friedhofseingang.

Die nächstgelegene Möglichkeit für Erfrischungen sind Kiosks um die U-Bahn-Station Sportivnaja.

- *Stadtplan B6*
- *Novodeviči proezd 1*
- *(495) 246 8526*
- *U-Bahn: Sportivnaja*
- *Mi–Mo 8–19 Uhr (Klostergelände); Mi–Mo 10–17 Uhr (Museen). Die Kathedrale der Gottesmutter von Smolensk ist nur im Sommer geöffnet (Apr–Okt).*
- *Eintritt: 150 Rub*
- *www.shm.ru*

Top 10 Friedhofskultur

1. Museum im Irina-Gudunova-Palast
2. Kathedrale der Gottesmutter von Smolensk
3. Fresken
4. Christi-Verklärungs-Torkirche
5. Glockenturm
6. Lopuchin-Palast
7. Strelitzen-Wachenhausmuseum
8. Mariinski-Kammern
9. Novodeviči-Friedhof
10. Berühmte Gräber

1 Museum im Irina-Gudunova-Palast

Nach dem Tod Zars Fjodor I. (1557–1598) trat seine Frau Irina ins Kloster ein. In ihren Gemächern befinden sich heute einige der Schätze und Ikonen, die das Neue Jungfrauenkloster von seinen wohlhabenden Bewohnerinnen erhielt.

2 Kathedrale der Gottesmutter von Smolensk

Diese ähnlich wie die Mariä-Entschlafens-Kathedrale *(siehe S. 12f)* des Kreml gestaltete Kathedrale hat hohe Decken und ein geräumiges Interieur *(Mitte)*. Sie wurde 1525 geweiht. Die fünfstöckige Ikonostase schenkte Zarevna Sophia 1685 dem Haus.

3 Fresken

Die Mitte des 16. Jahrhunderts gemalten Fresken zeigen biblische Figuren sowie russische Prinzen und Kriegshelden, die Smolensks Ruhm dienten.

4 Christi-Verklärungs-Torkirche

Die hübsche Kirche mit ihren fünf kleinen goldenen Kuppeln *(links)* steht seit 1688 auf dem Nordtor. Derzeit wird sie vom Metropoliten *(Bischof)* für private Gebete genutzt.

Das Museum im Irina-Gudunova-Palast zeigt Grabesikonostasen von Sophia Alexejevna und ihre Schwestern.

5 Glockenturm

Der 72 Meter hohe Glockenturm *(links)* von 1689 ist ein wunderbares Beispiel für Moskauer Barock. Ursprünglich standen unten und im ersten Stock Kapellen, im dritten und fünften Stock hingen Glocken.

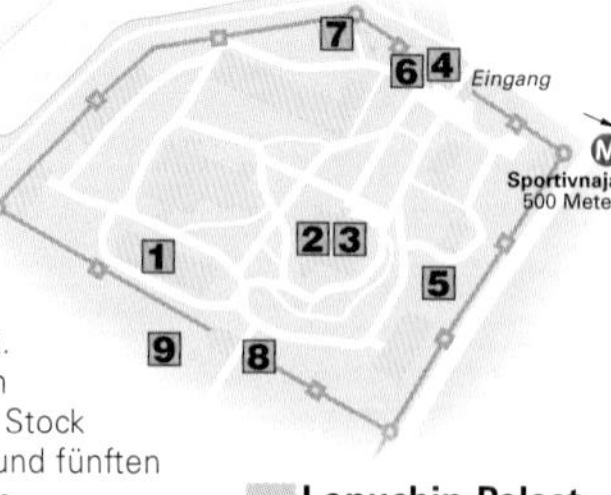

6 Lopuchin-Palast

Peter I. brachte 1728 seine erste Frau, Zarin Eudoxia Lopuchina, hierher. Später bezog die Äbtissin den Bau, heute dient er als Residenz des Metropoliten.

7 Strelitzen-Wachenhausmuseum

Der flache Steinbau unterhalb des Naprudnaja-Turms wurde von den Strelitzen-Wachen des Konvents genutzt. Heute sind dort alte Ikonen und liturgische Gegenstände *(oben)* zu sehen.

8 Mariinski-Kammern

Über vier Etagen erstrecken sich die Mariinski-Kammern mit ihren winzigen Fenstern. Vermutlich war Zarevna Sophia hier bis zu ihrem Tod 1704 eingesperrt.

9 Novodeviči-Friedhof

Auf dem wegen Platzmangels 1898 angelegten Friedhof *(unten)* fanden zahlreiche führende Köpfe aus Kultur und Politik Russlands ihre letzte Ruhestätte.

10 Berühmte Gräber

Der 1904 hier begrabene Anton Čechov war einer der ersten Prominenten, die hier bestattet wurden. Später folgten große Namen wie Schriftsteller Michail Bulgakov, (1940), Regisseur Sergej Eisenstein (1948), Nikita Chruščov (1971) und Boris Jelzin (2007).

Unerwünschte Frauen

Dass adelige Frauen ins Kloster eintraten, war in Russland an der Tagesordnung, doch nicht alle taten dies freiwillig. Die erste Frau Peters des Großen, Eudoxia Lopuchina, wurde zwangsinterniert, ebenso Zarevna Sophia, die man 1689 ins Kloster zwang. Nach zwei erfolglosen Aufständen verurteilte man Sophia für den Rest ihres Lebens zu strenger Isolationshaft.

Der Novodeviči-Friedhof beherbergt 27 000 Gräber. Viele besitzen bemerkenswerte Grabsteine und Skulpturen.

TOP 10 Kolomenskoje

Das in idyllischer Parklandschaft gelegene Kolomenskoje war bevorzugte Sommerresidenz Ivans des Schrecklichen, auch Zar Michail I. (1596–1645) hielt sich gerne hier auf. Beide Herrscher nahmen Umbauten vor, doch erst Zar Alexej (1629–1676) ließ hier seinen »Kreml auf dem Land« bauen. 1667 entstand so ein wunderschöner Holzpalast mit 270 luxuriös eingerichteten Zimmern. Nach Alexejs Tod verfiel der Palast und wurde schließlich von Katharina der Großen (1729–1796) abgerissen. Heute kommen Moskowiter hierher, um zu picknicken, zu rodeln oder um Festivals auf dem Gelände zu besuchen.

Idealisierte Ansicht von Kolomenskoje

In Kolomenskoje kann man im Sommer wie im Winter herrliche Ausfahrten in der *troika* (Pferdewagen) unternehmen.

Blockhütten mit Getränken und Imbissen vom Grill stehen am westlichen Ende der Anlage.

- *Stadtplan B3*
- *Andropova prospekt 39*
- *(495) 115 2768*
- *U-Bahn: Kolomenskaja*
- *Apr–Okt: Di–So 8–22 Uhr; Nov–März: 8–21 Uhr (Gelände); 10–17 Uhr (Ausstellung)*
- *Eintritt: 150 Rub (Ausstellung)*
- *www.mgomz.ru*

Top 10 Parkidylle

1. Holzpalast
2. Frjažsky-Keller
3. Vorderes Tor
4. Kolomenskoje-Museum
5. Festivals
6. Christi-Himmelfahrtskirche
7. Gärten
8. Kirche der Gottesmutter von Kazan
9. Holzhaus Peters des Großen
10. Stallungen

1 Holzpalast

Das Einzige, was von Zar Alexejs märchenhaftem Holzpalast geblieben ist, sind Radierungen und ein wunderbares Modell *(oben)*, zu sehen im modernen Pavillon-Palast, wo der Holzbau einst stand.

2 Frjažsky-Keller

Die Frjažsky-Keller sind Teil einer Gebäudegruppe am Vorderen Tor. Sie wurden für die Lagerung der königlichen Weinsammlung genutzt. Inzwischen hat man sie renoviert und für Empfänge und Bankette eingerichtet.

3 Vorderes Tor

Das Tor *(links)* von 1684 ist eines der ältesten Bauwerke des Anwesens. Der größere Bogen war für Pferdefuhrwerke, der kleinere für Fußgänger gedacht. Zwei mechanische Löwen an den Seiten brüllten, wenn jemand eintrat.

Die Christi-Himmelfahrtskirche wurde von der UNESCO 1994 zur Welterbestätte erklärt.

4 Kolomenskoje-Museum

Das Museum besitzt Kirchenglocken *(rechts)*, ledergebundene Bücher und Manuskripte sowie Holzschnitzereien aus Klöstern und Häusern in der Region Moskau.

5 Festivals

In Kolomenskoje werden diverse Feiertage begangen, etwa der Tag des Sieges (9. Mai). Am Geburtstag Peter I. (30. Mai) und am Moskauer Stadttag (Anfang Mai) finden Prozessionen statt.

6 Christi-Himmelfahrtskirche

Die imposante Kirche *(unten)* wurde zur Geburt Ivans des Schrecklichen 1530 erbaut. Zum ersten Mal wurde hier ein Zeltdach aus Stein errichtet, das schweren Schneemassen standhielt.

7 Gärten

Apfel-, Birn- und Kirschbäume in den Voznesenski- und Kazanski-Gärten aus dem 17. Jahrhundert und der nahe gelegene Küchengarten versorgten den Palast einst mit frischem Obst und Gemüse.

8 Kirche der Gottesmutter von Kazan

Die im 17. Jahrhundert anlässlich der Befreiung Moskaus von Polen erbaute Kirche *(Mitte)* hat blaue Kuppeln mit goldenen Sternen. Früher war sie mit dem Holzpalast Zar Alexejs verbunden.

9 Holzhaus Peters des Großen

Unter den Gebäuden im Museum für Holzarchitektur des 20. Jahrhunderts ist eine Blockhütte *(rechts)* aus Archangelsk an der Nordküste Russlands. Peter der Große wohnte dort während der Zeit, als er den Aufbau der russische Kriegsmarine 1698 überwachte.

10 Stallungen

Am östlichen Ende des Geländes steht ein kleines wieder aufgebautes Dorf mit Ställen und Habichtskäfigen. Kostümierte machen hier Führungen für Groß und Klein.

Spielsoldaten

Mit zehn Jahren zog Peter der Große nach Kolomenskoje und spielte dort Krieg mit einem echten Soldatenregiment. Sieben Jahre später vereitelte er ein Komplott seiner Halbschwester Zarevna Sophia mithilfe der loyalen Soldaten, mit denen er bereits als Kind Taktiken der Kriegsführung eingeübt hatte.

Russische Feiertage **siehe S. 48**

Links **Boris Jelzin** Rechts **Darstellung der brennenden Stadt Moskau 1812**

Top 10 Historische Ereignisse

1 Erste Dokumentierung
Moskau wurde erstmals in den *Ipatievskaja-Chroniken* von 1147 erwähnt. Damals war Kiev die Hauptstadt Russlands. Moskau war ein kleiner, von Fürst Juri Dolgoruki gegründeter Vorposten.

2 Invasion der Mongolen
1237/38 brannten die Mongolen unter Batu Khan die Stadt nieder und töteten ihre Bewohner. Die russischen Fürstentümer hatten beträchtliche Abgaben zu leisten, behielten aber ihre innere Autonomie.

3 Ivan der Große
Als Ivan der Große 1462 Großfürst von Moskau wurde, gewann es an Macht, das russische Gebiet wuchs. So konnte er Russland bald von den Mongolen befreien und beauftragte 1472 einen italienischen Architekten mit dem Umbau des Kreml.

Glockentürme Ivans des Großen, Kreml

4 Polnisch-Moskauer Krieg
In diesem Krieg (1605–1618) besetzten polnische und litauische Truppen 1610 Moskau. 1612 wurden sie von einem russischen Freiwilligenheer unter Prinz Požarski und Kuzma Minin aus Novgorod, das den Kreml belagerte, zurückgeschlagen.

5 Umzug der Hauptstadt
Peter der Große verabscheute Moskau und verlagerte die Hauptstadt deswegen 1712 in die neu gebaute Stadt St. Petersburg. Die Zaren wurden aber weiter in Moskau gekrönt, die Stadt blieb kulturell wie wirtschaftlich aktiv.

6 Moskau brennt
1812 eroberte Napoléon Moskau und hielt auf dem Roten Platz eine Siegesrede. Doch die Moskowiter legten Feuer, sodass seine Truppen weder Unterkunft noch Proviant fanden. Bei Wintereinbruch musste sich Napoléons Armee zurückziehen.

7 Rückkehr der Hauptstadt
Als deutsche Truppen 1918 nach St. Petersburg vorrückten, fürchtete Lenin den Zusammenbruch der bolschewistischen Revolution und verlegte den Regierungssitz nach Moskau. Offiziell zur Hauptstadt erklärt wurde es jedoch erst 1922.

Vorhergehende Doppelseite **Szene aus Čajkovskis Ballett *Schwanensee* am Bolšoj-Theater**

»Verteidigt Moskau«, Propagandaplakat 1941

8 Deutsche Invasion
Hitlers Einmarsch in Russland 1941 kam für Stalin überraschend. Binnen weniger Monate standen die Deutschen 20 Kilometer vor Moskau. Ein strenger Winter traf die Truppen unvorbereitet und rettete so die Stadt.

9 Auflösung der UdSSR
Unter dem Präsidenten der Sowjetunion, Michail Gorbačov, wurde Boris Jelzin im Juni 1991 demokratisch gewählter Präsident der Russischen Föderation. Als kommunistische Hardliner im August 1991 gegen Gorbačov putschten, zerschlug Jelzin das Komplott. In den Monaten darauf betrieb er die Auflösung der Sowjetunion; am 24. Dezember trat Gorbačov zurück, die Sowjetunion war beendet.

10 Dubrovka-Theater
2002 wurden bei einem Terroranschlag das Theater und 850 Zuschauer von tschetschenischen Separatisten in Geiselhaft genommen. Die Terroristen wollten damit Russlands Rückzug aus Tschetschenien erzwingen. Bei der Befreiungsaktion kamen 39 Terroristen und 129 Geiseln ums Leben.

Top 10 Russische Staatsobehäupter

1 Dmitri Donskoj (1359–1389)
Er besiegte als erster Großfürst die Mongolen und baute den ersten Kreml aus Stein.

2 Ivan der Große (1462–1505)
Der mächtige Herrscher konsolidierte das russische Gebiet und vertrieb die Mongolen.

3 Ivan der Schreckliche (1547–1584)
Der furchterregende Herrscher besiegte 1552 die Mongolen bei Kazan.

4 Prinz Dmitri Požarski (1578–1642)
Mit Kuzma Minin beendete Prinz Požarski die russische Instabilität, indem er 1612 feindliche Truppen vom Kreml vertrieb.

5 Peter der Große (1682–1725)
Visionär und Erbauer St. Petersburgs, modernisierte Russland an den Westgrenzen.

6 Katharina die Große (1762–1796)
Die Herrscherin wurde wegen ihres Weitblicks bei Russlands Modernisierung geschätzt.

7 Alexander II. (1855–1881)
Er schaffte die Leibeigenschaft und die Todesstrafe ab.

8 Vladimir Lenin (1917–1924)
Lenin war Architekt der Revolution von 1917 und erstes Staatsoberhaupt der UdSSR.

9 Iosif Stalin (1927–1953)
Seinen gefürchteten »Säuberungsaktionen« fielen Millionen Sowjetbürger zum Opfer.

10 Vladimir Putin (2000–2008)
Er brachte Russland Stabilität.

Informationen zur Geschichte Moskaus im Internet
www.moskau.ru/moskau/lexikon/geschichte

Links **Archäologisches Museum** Rechts **Exponate im Museum für moderne Geschichte**

TOP 10 Museen

1 Gorki-Museum

Das von Fjodor Šechtel für den Millionär und Bankier Stepan Rjabušinski 1900 entworfene Haus ist Moskaus schönstes Beispiel für Jugendstilarchitektur. Es besitzt wunderbare florale Motive, insbesondere im Treppenhaus aus estnischem Kalkstein. 1931 schenkte Stalin das Haus dem Autoren Maxim Gorki. Heute dient es als Museum, in dem die persönlichen Dinge, Briefe und Manuskripte Gorkis zu sehen sind *(siehe S. 85)*.

2 Polytechnisches Museum

Die faszinierenden Exponate dieses Museums umfassen eine wunderbare Sammlung aus elektronischen Geräten der Sowjetzeit, darunter erste Fernseher, Synthesizer und Grammofone. Im Keller stehen Oldtimer aus Russland und aus dem Ausland *(siehe S. 71)*.

3 Matrjoška-Museum

Der Kunstsammler Andrej Mamontov produzierte 1890 die ersten Matrjoška-Puppen. In seiner Werkstatt aus dem 19. Jahrhundert ist heute ein Matrjoška-Museum mit einer zauberhaften Puppensammlung aus dem 20. Jahrhundert untergebracht. Hier bekommt man die höchstwertigen Souvenirpuppen. *Stadtplan L2 • Leontevski pereulok 7 • (495) 291 9645 • U-Bahn: Tverskaja, Puškinskaja • Mo–Do 10–18 Uhr, Sa/So 11–19 Uhr*

Matrjoška-Puppe, Matrjoška-Museum

4 Rüstkammer

Diese unvergleichliche Sammlung russischer Schätze wurde im Lauf der vergangenen 800 Jahre zusammengetragen. Antike Rüstungen und Waffen stehen hier zwischen glitzerndem Beiwerk aus königlichen Hochzeiten und Krönungen, etwa extravagant verzierte Throne, Juwelen besetzte Kronen, prächtige Festroben und goldene Ikonen *(siehe S. 14f)*.

Modell eines Atomreaktors, Polytechnisches Museum

5 Historisches Museum

Der wundervoll restaurierte Museumsbau bietet eine beeindruckende Kulisse für seine umfangreiche Sammlung alter Handschriften, Zarenkutschen und Schlitten,

Matrjoškas *gehören zu Russlands beliebtesten Souvenirs. Die Puppen werden ineinandergesteckt.*

Stattliche Fassade des Historischen Museums

Aristokratenmode und die größte Münzsammlung des Landes *(siehe S. 63)*.

6 Museum für moderne Geschichte

Das exzellente Museum liegt in einer wunderbaren Villa aus dem 18. Jahrhundert. In den vielen Räumen zeigt man informative Ausstellungen zu Themen wie Russlands Entwicklung von der bäuerlichen zur industriellen Gesellschaft, Revolution, Weltkriege und Raumfahrt *(siehe S. 83)*.

7 Museum des Großen Vaterländischen Krieges

Über 20 Millionen sowjetische Soldaten und Zivilisten starben im von den Russen als Großen Vaterländischen Krieg bezeichneten Zweiten Weltkrieg. Der riesige Bau dient als Mahnmal und Museum. Die Exponate sind um eine festliche Ruhmeshalle angeordnet, in der die Namen der Kriegshelden zu lesen sind. Hinter dem Museum ist eine Ausstellung von Militärfahrzeugen *(siehe S. 96)*.

8 Archäologisches Museum

Acht Meter unter der Erde gibt dieses Museum seinen Besuchern die Möglichkeit, in den Untergrund der Stadt einzutauchen. Es ist um die Fundamente der im 16. Jahrhundert angelegten Voskresenki-Brücke angelegt. Sie wurden bei Bauarbeiten 1994 zufällig zusammen mit Artefakten entdeckt *(siehe S. 70)*.

9 Majakovski-Museum

Das Museum widmet sich dem Leben und Werk des futuristischen Künstlers und Dichters Vladimir Majakovski. Es liegt in der Wohnung, die er mit anderen Künstlern teilte. Majakovskis Manuskripte, Kunstwerke und persönlichen Gegenstände sind auf allen vier Etagen des Gebäudes zu sehen *(siehe S. 69)*.

10 Tolstoj-Museum

Lev Tolstojs hervorragend erhaltene Winterresidenz bietet eindrucksvolle Einblicke in das komfortable Leben des Literaten mit seiner Ehefrau Sophia und den neun Kindern. Das Haus ist mit Originalmöbeln eingerichtet. Besichtigen kann man Tolstojs Arbeitszimmer, in dem er u. a. *Auferstehung* schrieb *(siehe S. 97)*.

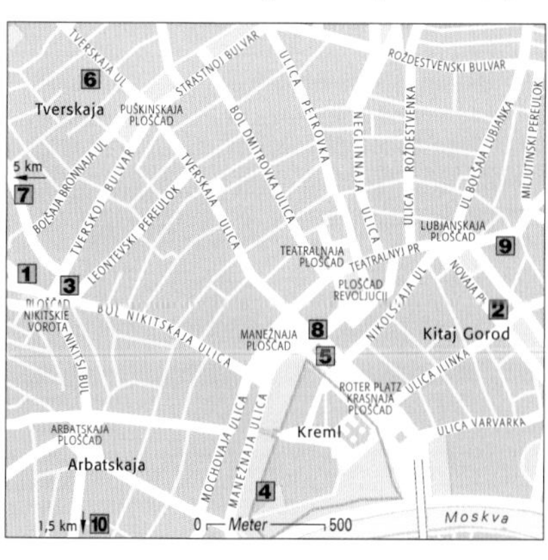

Die meisten Museen in Moskau haben von 10 oder 10.30 Uhr bis 18 Uhr geöffnet und einen Tag pro Woche geschlossen.

Links **Epiphaniaskathedrale** Rechts **Ikonostase, Dreifaltigkeitskirche von Nikitniki**

TOP 10 Kirchen & Kathedralen

1 Basiliuskathedrale

Moskaus zauberhaftes Wahrzeichen hat acht kleine Kapellen, die über eine schöne geflieste Galerie miteinander verbunden sind. In der Mitte ragt ein Zeltdachturm anmutig aus den bunten Zwiebeltürmen heraus *(siehe S. 8f)*.

Geflieste Galerie der Basiliuskathedrale

2 Mariä-Entschlafens-Kathedrale

Die 1497 vom italienischen Architekten Aristotele Fioravanti entworfene Kathedrale verbindet russisch-orthodoxe Elemente und Anklänge an die Renaissance in bemerkenswerter Weise. Ihr Inneres ist komplett mit Fresken aus dem 16. Jahrhundert ausgemalt. Hier fanden Krönungen und Hochzeiten von Russlands Oberhäuptern statt *(siehe S. 12f)*.

3 Erzengelkathedrale

Die eindrucksvolle Kalksteinkathedrale, mit ihrer bauchigen Goldkuppel wurde 1505 von einem Venezianer Architekten gebaut. Sie verbindet westliche und östliche Bauweisen. Bis ins 18. Jahrhundert wurden hier Moskaus Zaren und Fürsten begraben *(siehe S. 66)*.

4 Erlöserkathedrale

Der Nachbau der Originalkathedrale aus dem 19. Jahrhundert wurde im Jahr 2000 fertiggestellt. Die Rekonstruktion nahm zehn Jahre in Anspruch, die Baukosten beliefen sich auf über fünf Milliarden Rubel *(siehe S. 75)*.

5 Kirche des heiligen Gregor von Niksar

Beim Anblick der wunderbaren Kirche des hl. Gregor von Niksar bedauerte Napoléon 1812 zutiefst, dass er nicht alle schönen Kirchen aus Moskau nach Paris mitnehmen konnte. Dieses Gotteshaus wurde Ende des 17. Jahrhunderts gebaut und ist von silbernen Zwiebeltürmen und einem Zeltdachturm gekrönt *(siehe S. 91)*.

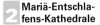

Kirche des heiligen Gregor von Niksar

Die Ausübung der Religion war in der UdSSR verboten bzw. unterlag umfangreichen staatlichen Einschränkungen.

Die farbenprächtige Kazaner Kathedrale

6 Kazaner Kathedrale

Die bemerkenswerte Kathedrale wurde 1993 dem Original des 17. Jahrhunderts nachempfunden. 1936 ließ Stalin sie abreißen, um Platz für Militärparaden zu schaffen. Erbaut worden war sie zu Ehren der Wunderikone der Kazaner Jungfrau. Die Kopie hängt heute in der Kathedrale.

Stadtplan M3 • Krasnaja ploščad • (495) 298 0131 • U-Bahn: Ochotnyj Rjad • 8–20 Uhr

7 Epiphaniaskathedrale

Die Kathedrale besitzt prachtvolle weiße Ornamente, die für den Moskauer Barockstil typisch sind. Die kleine Goldkuppel ruht auf einem breiten sechseckigen Kessel. Eine leuchtende Ikonostase im Hauptturm dominiert den restaurierten Innenraum *(siehe S. 69)*.

8 Dreifaltigkeitskirche von Nikitniki

Die von Kapellen und einem Glockenturm flankierte Kirche ist ein Meisterwerk der Kirchenarchitektur des 17. Jahrhunderts. Den Innenraum zieren eine wunderbare Ikonostase und originale Fresken *(siehe S. 69)*.

9 Christi-Verklärungskathedrale

Die zum Novospasski-Kloster *(siehe S. 96)* gehörende Kathedrale wurde 1491 gebaut und 1645 in Anlehnung an die Mariä-Entschlafens-Karthedrale mit hohen Giebelbögen versehen. In der Sowjetzeit war das Kloster Konzentrationslager, Waisenhaus und Möbelfabrik. Der Innenraum hat gelitten, wird aber inzwischen restauriert. Die erhaltenen Fresken zeigen biblische Szenen, griechische Philosophen und russische Adelige.

Stadtplan G5 • Krestjanskaja ploščad • U-Bahn: Proletarskaja • 8–20 Uhr

10 Auferstehungskirche in Kadaši

Der Innenraum dieser Kirche des 17. Jahrhunderts wird derzeit restauriert, aber auch die Fassade ist sehr beeindruckend. Die pompösen Kalksteinverzierungen sind klassisches Moskauer Barock, ebenso der spitz zulaufende, anmutige Glockenturm *(siehe S. 89)*.

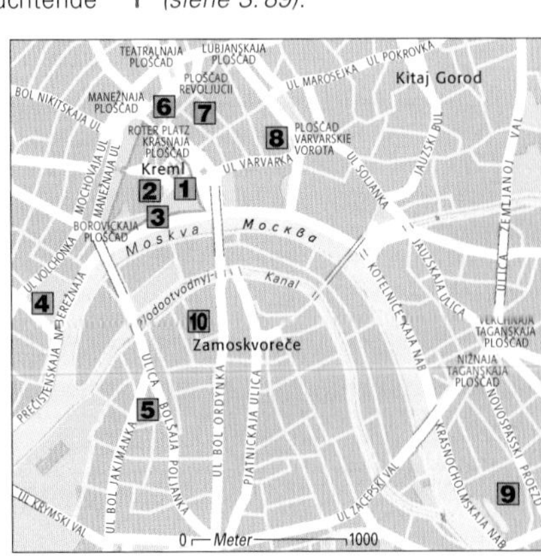

Tausende Kirchen und Kathedralen in Moskau wurden während der Stalin-Ära zerstört.

Links **Haupteingang, Tretjakov-Galerie** Rechts **Zeitgenössische Kunstausstellung, Vinzavod**

TOP 10 Kunstmuseen

1 Tretjakov-Galerie

Eine beispiellose Sammlung vorrevolutionärer russischer Kunst füllt über 60 Zimmer dieses labyrinthartigen Museums. Mittelalterliche Ikonen, Schmuck und Kirchenschätze sowie Bilder, Zeichnungen und Skulpturen aus allen Epochen der russischen Geschichte findet man hier *(siehe S. 20–23)*.

2 Zentrales Künstlerhaus

Im gleichen gesichtslosen Betonklotz wie die Neue Tretjakov-Galerie befindet sich das Zentrale Künstlerhaus. Es umfasst zahlreiche Läden und private Galerien, die alles von handgemachtem Schmuck bis zu Fotografien und Keramik ausstellen. In der Haupthalle finden sich zeitgenössische Kunstwerke und ein kleines Kino, das regelmäßig internationale Arthouse-Filme zeigt *(siehe S. 92)*.

Griechischer Marmorsarkophag, Puškin-Museum

3 Puškin-Museum der bildenden Künste

Das Museum führt eine der besten Sammlungen europäischer Kunst in Russland, darunter Gipsabgüsse klassischer und Renaissance-Skulpturen, altägyptische Porträts und der 4500 Jahre alte Schatz von Troja *(siehe S. 16f)*.

4 Neue Tretjakov-Galerie

Hier gibt es Sowjetkunst des 20. Jahrhunderts zu sehen. Zu den Highlights zählen moderne Werke von Marc Chagall, Kazimir Malevič und Vasili Kandinski sowie Monumentalwerke des Sozialistischen Realismus von Künstlern wie Alexandr Gerasimov *(siehe S. 89)*.

5 Glazunov-Galerie

In einer Villa des 19. Jahrhunderts zeigt die Glazunov-Galerie stimmungsvolle Landschaften

Bilder und Antiquitäten im Zentralen Künstlerhaus

Weitere Museen **siehe S. 34f**

Die Prachtvilla der Glazunov-Galerie

und Porträts von Ilja Glazunov *(*1930)*, Direktor von Russlands Akademie für Malerei, Bildhauerei und Architektur. *Stadtplan L5 • Ulica Volchonka 13 • (495) 291 6949 • U-Bahn: Kropotkinskaja • Di–So 11–19 Uhr • Eintritt • www.glazunov.ru*

6 Vinzavod

Eines der angesagtesten Moskauer Zentren für zeitgenössische Kunst ist das Vinzavod. Es umfasst neun Ausstellungsräume in einem umgebauten Weinkeller. *Stadtplan H3 • Sjromjatničeski pereulok 1, Gebäude 6 • (495) 917 4646 • U-Bahn: Čkalovskaja • Di–So 12–20 Uhr • www.winzavod.com*

7 Moskauer Haus der Fotografie

Die Sammlung der über 70 000 Abzüge und Negative reicht von Daguerreotypien aus dem 19. Jahrhundert bis zu modernen Digitalfotografien. *Stadtplan K5 • Ulica Suščevskaja 14 • (495) 231 3325 • U-Bahn: Novoslobodskaja • Di–So 11–20 Uhr • www.mdf.ru*

8 Pop/Off/Art

Die 2004 eröffnete Galerie repräsentiert über 30 russische Künstler und zeigt eine breite Palette zeitgenössischer Malereien, Skulpturen, Installationen und Fotografien. *Stadtplan H2 • Ulica Radio 6/4 • (499) 261 7883 • U-Bahn: Kurskaja • Mo–Sa 12–20 Uhr • www.popoffart.com*

9 Marat-Guelman-Galerie

Als eine der ersten Privatgalerien im postkommunistischen Russland erwarb sich die Marat-Guelman-Galerie schnell einen Ruf als Bühne für Talente der Kunstszene. Heute zählt sie zu den wichtigsten zeitgenössischen Kunstzentren im Land *(siehe S. 82)*.

10 Museum für moderne Kunst

Die Sowjetkunstsammlung des vom einflussreichen Moskauer Kunstmäzen Zurab Cereteli eröffneten Museums für moderne Kunst macht der Neuen Tretjakov-Galerie Konkurrenz. Die große Villa birgt auch westliche Werke und Skulpturen *(siehe S. 83)*.

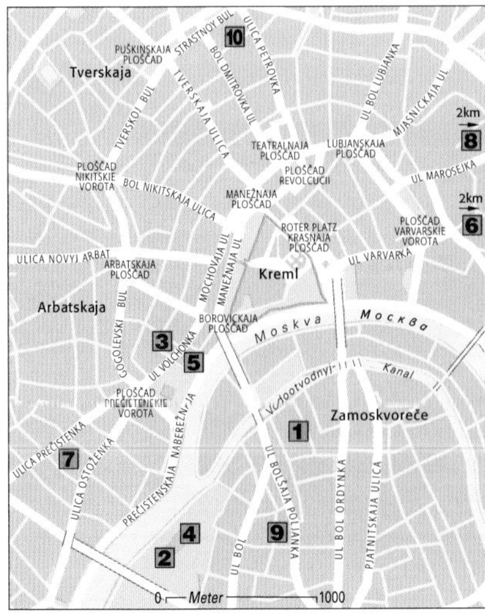

 *Das Moskauer Haus der Fotografie zeigt wechselnde Ausstellungen mit Werken russischer und internationaler Fotografen.*

Links **Čajkovski-Saal** Rechts **Internationales Haus der Musik Moskau**

Top 10 Theater & Bühnen

1 Internationales Haus der Musik Moskau

Der 2002 eröffnete zylindrische Glasbau beherbergt zwei Konzertsäle und ein Theater. Die hochmoderne Ausstattung umfasst den Svetlanov-Saal mit 1700 Plätzen und Russlands größter Orgel. Die Vertäfelung mit sibirischer Lerche sorgt für Spitzenakustik. *Stadtplan G5 • Kosmodamianskaja nab. 58 • (495) 730 1011 • U-Bahn: Paveleckaja • 11–22 Uhr • www.mmdm.ru*

2 Bolšoj-Theater

Das Theater ist ein Wahrzeichen Moskaus. Aufführungen finden derzeit im benachbarten Neuen Bolšoj-Theater statt, weil die großartige Bühne umfassend renoviert wird *(siehe S. 18f)*.

Luxuriöses Interieur des Bolšoj-Theaters

3 Moskauer Konservatorium

Die gefeierte Bühne besitzt einen herrlichen Großen Saal und vier kleinere Kammermusiksäle. Der 1901 erbaute Große Saal bietet 1700 Sitzplätze und hat eine exzellente Akustik. In allen fünf Sälen finden regelmäßig Konzerte und Festivals statt. *Stadtplan L3 • Ulica Bolšaja Nikitskaja 13 • (495) 629 8183 • U-Bahn: Arbatskaja, Puškinskaja • 11–19 Uhr (Vorverkauf) • Eintritt • www.mosconsv.ru*

Čajkovski-Denkmal, Moskauer Konservatorium

4 Čajkovski-Konzertsaal

Der von Theaterdirektor Vsevolod Meierhold (1874–1940) als Moskaus größtes modernes Theater konzipierte Bau war fast fertig, als man Meierhold 1939 verhaftete und hinrichtete. Die Moskauer Philharmonische Gesellschaft übernahm das Gebäude mit den 1500 Sitzplätzen 1940 und benannte es nach Čajkovski. Regelmäßig finden hier Musicals, Opern und Konzerte statt. *Stadtplan D2 • Triumfalnaja ploščad 4/31 • (495) 232 5353 • U-Bahn: Majakovskaja • 12–19.30 Uhr (Kartenvorverkauf) • Eintritt • www.classicalmusic.ru*

5 Neues Ballett

Das 1989 von den Tanzdirektoren Aida Černova und Sergej Staručin gegründete Neue Ballett pflegt das sogenannte plastische Ballett, welches auf freier Bewe-

Feiertage & Events **siehe S. 48f**

gung basiert. Das Repertoire der Kompanie umfasst Tanzinterpretationen der Kunst von Hieronymus Bosch und der Musik des Komponisten Alexandr Skrjabin.
Stadtplan H2 • Ulica Novaja Basmannaja 25/2 • (495) 632 2911 • U-Bahn: Krasnye Vorota • 11–19 Uhr (Vorverkaufsschalter) • Eintritt • www.newballet.net

Farbenprächtige Aufführung im Neuen Ballett

6 Staatlicher Kremlpalast

Diese angesehene Bühne ließ Nikita Chruščov 1961 als Kongresshalle für Versammlungen der Kommunistischen Partei bauen. Heute finden in dem Glas-Beton-Bau Konzerte, Ballett- und Opernaufführungen statt.
Stadtplan M4 • Kreml • (495) 628 5232 • U-Bahn: Borovickaja, Biblioteka imeni Lenina • 12–20 Uhr (Kartenvorverkauf)

7 Moskauer Künstlertheater

Das für die Premieren von Čechovs Stücken berühmte Theater nimmt heute russische, aber auch internationale Theaterstücke auf den Spielplan *(siehe S. 83)*.

8 Helikon-Oper

Die 1990 von Dmitrj Bertman gegründete Helikon-Oper ist für ihre innovativen Opern-Inszenierungen berühmt. Wegen Renovierung finden die Aufführungen derzeit in einem Ausweichquartier statt.
Stadtplan L3 • Novyj Arbat 11 • (495) 695 6584 • U-Bahn: Arbatskaja • 11–19 Uhr (Kartenschalter) • Eintritt • www.helikon.ru

9 Lenkom-Theater

Die beliebte Bühne zeigt hochmodernes Drama. Die Aufführungen sind oft Wochen im Voraus ausverkauft. *Stadtplan E2 • Ulica Malaja Dmitrovka 6 • (495) 699 0708 • U-Bahn: Čechovskaja • 11–19 Uhr • Eintritt*

10 Satirikon-Theater

Das von dem Humoristen Arkadi Raikin 1984 eröffnete Theater zeigt experimentelle und klassische Stücke. *Stadtplan B1 • Ulica Šeremetjevskaja 8 • (495) 602 6583 • U-Bahn: Rižskaja • 11–19 Uhr • Eintritt*

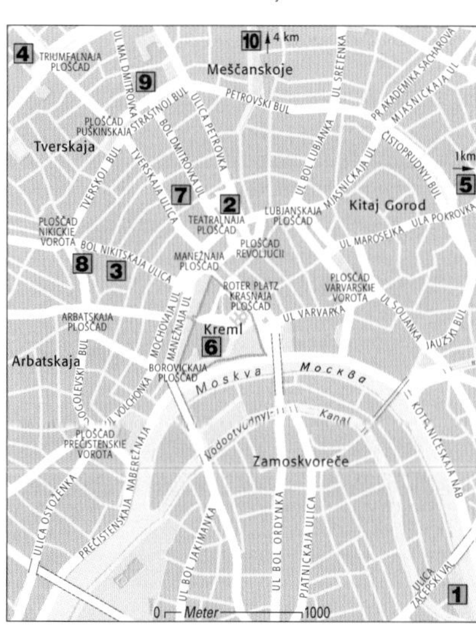

Damit er die Nachbargebäude nicht überragt, wurde der Staatliche Kremlpalast 15 Meter tief in den Boden eingelassen.

Links **Porträt von Anton Čechov** Rechts **Lev Tolstoj in seinem Arbeitszimmer**

TOP 10 Russische Schriftsteller

1 Puškin (1799–1837)
Viele betrachten ihn als Vater der modernen russischen Literatur. Zu Alexandr Puškins wichtigsten Werken zählen *Eugen Onegin* und *Boris Godunov*, beide werden als Opern vom Bolšoj-Theater aufgeführt.

Alexandr Puškin beim Hofball

2 Tolstoj (1828–1910)
Mit Meisterwerken wie *Krieg und Frieden* oder *Anna Karenina* zeichnete Lev Tolstoj ein derart realistisches Bild des russischen Lebens im 19. Jahrhundert, dass er bis heute als einer der größten Literaten der Welt gilt.

3 Dostojevski (1821–1881)
Der Moskauer Fjodor Dostojevski erlangte mit 24 Jahren literarischen Ruhm. Doch erst vier Jahre im sibirischen Arbeitslager ließen ihn die dunkle Seite des Menschen literarisch erforschen und machten ihn so zum Erfinder des modernen Existenzialismus.

Statue Fjodor Dostojevskis

4 Čechov (1860–1904)
Anton Čechov studierte Medizin an der Moskauer Universität und praktizierte auch dann noch als Arzt, als er mit Kurzgeschichten und Theaterstücken berühmt wurde. »Medizin ist meine Ehefrau, Literatur meine Geliebte«, sagte er einmal.

5 Bulgakov (1891–1940)
Obwohl Michail Bulgakov sein Leben lang Romane und Theaterstücke schrieb, schaffte er den internationalen Durchbruch erst postum mit seinem in Moskau angesiedelten, satirischen Roman *Meister und Margarita*.

6 Lermontov (1814–1841)
Der Moskauer Adelige Michail Lermontov schrieb bereits als Teenager erfolgreich Gedichte. Mit 26 Jahren wurde er in einem Duell getötet. Obwohl er zu Lebzeiten nur einen Gedichtband veröffentlicht hatte, erlangte er nach seinem Tod mit seinen patriotischen Geschichten Berühmtheit.

7 Turgenev (1818–1883)
Ivan Turgenev war Zeitgenosse Tolstojs und Dostojevskis, lebte aber die meiste Zeit im Ausland. Trotzdem schrieb er über die russische Gesellschaft. Am berühmtesten ist *Väter und Söhne*, ein moder-

Ivan Turgenev gilt als einer der bedeutendsten Vertreter des russischen Realismus.

Ivan Turgenev, Autor von *Väter und Söhne*

nes Porträt des wachsenden Generationenkonflikts in Russland.

8 Solženicyn (1918–2008)
Chruščëvs unerwartete Zustimmung zum Roman *Ein Tag im Leben des Ivan Denisovič* bescherte Alexandr Solženicyn über Nacht internationalen Erfolg. Das Buch basiert auf dem harten Alltag im Gulag und brachte dem Autor 1970 den Literaturnobelpreis ein. Seine folgenden Werke wurden verboten, Solženicyn wurde 1974 ins Exil getrieben.

9 Nabokov (1899–1977)
Der in Russland geborene und aufgewachsene Vladimir Nabokov, floh mit seiner adeligen Familie 1919 nach der Revolution von 1917 ins Ausland. Auf Umwegen landete Nabokov schließlich in Amerika, wo er *Lolita* schrieb und damit international erfolgreich wurde.

10 Erofejev (1938–1990)
Venedikt Erofejev wurde mit *Moskva-Petuški* 1969 zur literarischen Legende. Der Roman beschreibt die surreale Zugreise eines Säufers durch Moskau. Obwohl der Roman sofort veröffentlicht wurde, gab es das Buch in Russland bis 1989 nur als *samizdat* (illegaler Raubdruck) unter der Ladentheke zu kaufen.

Top 10 Russische Komponisten

1 Glinka (1804–1857)
Michail Glinkas zwei große Opern *Ivan Susanin* und *Ruslan und Ljudmila* werden bis heute im Bolšoj-Theater aufgeführt *(siehe S. 18f)*.

2 Musorgski (1839–1881)
Modest Musorgski komponierte innovative, oft nationalistisch inspirierte Werke.

3 Čajkovski (1840–1893)
Werke wie *Schwanensee* und *Nussknacker* machten Pjotr Čajkovski weltberühmt.

4 Rimskj-Korsakov (1844–1908)
Nikolaj Rimskj-Korsakov wurde mit Werken wie *Šecherezada* bekannt.

5 Glazunov (1865–1936)
Der konservative Alexandr Glazunov schrieb seine erste Symphonie mit 16 Jahren.

6 Skrjabin (1872–1915)
Alexandr Skrjabin vertonte zahlreiche Werke der Symbolisten *(siehe S. 76)*.

7 Rachmaninov (1873–1943)
Der Weltklasse-Pianist Sergej Rachmaninov gilt als Russlands bester romantischer Komponist.

8 Stravinski (1882–1971)
Der Pianist, Dirigent und legendäre Komponist Igor Stravinski war musikalischer Revolutionär.

9 Prokofjev (1891–1953)
Sergej Prokofjev schockierte das Publikum mit seinen modernen Kompositionen.

10 Šostakovič (1906–1975)
Dmitri Šostakovič war einer der talentiertesten Komponisten der Sowjetzeit.

Bei der Komponistengewerkschaft mussten sich Prokofjev und Šostakovič für sozialismusferne Werke entschuldigen.

Links **Kegelbahn** Rechts **Badehaus Sanduny**

TOP 10 Sport & Freizeit

1 Banjas (Bäder)

Zeit im Badehaus zu verbringen, ist die beste Art zu entspannen. Die besten Bäder der Stadt findet man im Badehaus Sanduny aus dem 19. Jahrhundert. Es hat nach Geschlecht getrennte Bereiche, bietet gegen Aufpreis auch Einzelkabinen und Massagen *(siehe S. 84)*.

2 Bootsfahrten

Flussrundfahrten durch Moskau dauern anderthalb Stunden und starten im Sommer alle zwei Stunden von der U-Bahn-Station Kievskaja ab. Ruderboote kann man im Gorki-Park *(siehe S. 90)* mieten.

3 Parks & Gärten

Moskaus zahlreiche Parks reichen von winzigen Grünanlagen wie um den Patriarchteich in Tverskaja bis zu den außerhalb gelegenen, riesigen Waldgebieten von Izmajlovo und Sokolniki. Sie sind gepflegt und nachts gut beleuchtet. Sie bieten eine willkommene Ruhepause vom hektischen Treiben der Stadt.

Herbststimmung im Caricyno-Park

4 Skilanglauf

Im Winter sieht man viele Moskowiter in den Vorstädten und größeren Parks langlaufen. Im Gorki-Park und im Sokolniki-Park kann man Ausrüstungen mieten. Rechnen Sie beim Ausleihen mit sprachlichen Hürden.

5 Eislaufen

Auf dem Roten Platz steht von Dezember bis Januar eine Eislaufbahn mit Schlittschuhverleih. Den Rest des Jahres kann man im Russki Ljod im Gorki-Park eislaufen *(siehe S. 90)*. *Russki Ljod: (495) 237 0711 • 11–23 Uhr • Eintritt*

6 Kino

Unter den vielen Multiplex-Kinos in Moskau ist das Oktober das größte. Kinoerlebnis wie im Sozialismus gibt es im Puškinskij. Die meisten Kinos zeigen westliche sowie russische Filme, aber nicht immer im Original oder mit englischen Untertiteln.

Oktober-Kino: Stadtplan J3; Ulica Novyj Arbat 24; U-Bahn: Arbatskaja • Puškinskij-Kino: Stadtplan L1; Puškinskaja ploščad 2; (495) 545 0505; U-Bahn: Čechovskaja

7 Bowling

Bowling ist in Russland seit dem Film *The Big Lebowski* (1998) ungeheuer beliebt. Mos-

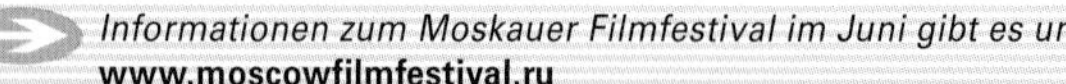

Informationen zum Moskauer Filmfestival im Juni gibt es unter **www.moscowfilmfestival.ru**

Billardspiel

kau hat über 40 Bowlingbahnen. Die größte ist Cosmiks hochmoderner Saal mit 32 Bahnen.
Cosmik Bowling: Stadtplan D5 • Ulica Lva Tolstogo 18 • (495) 258 3131 • U-Bahn: Park Kultury • 12–17 Uhr • Eintritt

8 Billard
Fast jedes Bowlingzentrum in Moskau hat einen Billardsaal. Russisches Billard wird meist auf vier Meter langen Tischen gespielt, wobei es darum geht, 8 der 15 weißen Kugeln auf dem Tisch zu versenken.

9 Schach
Als Heimat einiger der größten Schachspieler der Welt hat Russland eine lebendige Schachszene. Im Sommer treffen sich die Spieler im Gorki-, Izmajlovo- und Sokolniki-Park, um im Freien zu spielen. Im Michail-Botvinnik-Schachzentrum, wetteifern an Wochentagen Spieler aller Klassen, während die Meister sonntags ihre Turniere abhalten.
Michail-Botvinnik-Schachzentrum: Stadtplan K5 • Gogolevski Bulvar 14 • (495) 291 8627 • U-Bahn: Kropotkinskaja • Mo–Do 16–21 Uhr, So 11–16 Uhr • Eintritt

10 Fußball
Moskau hat eine lebhafte Fußballszene mit fünf großen Clubs – Dinamo, Spartak, ZSKA, FC Moskva und Lokomotiv. Am bekanntesten ist das Lužniki-Stadion, in dem 2008 das Finale der UEFA Champions League stattfand. *Lužniki-Stadion: Stadtplan B6 • Lužnetskaja nab. 24 • U-Bahn: Sportivnaja.*

Top 10 Parks

1 Gorki-Park
Beliebter Park mit Rummelplatz, Parkanlagen und See *(siehe S. 90).*

2 Eremitage-Garten
Zentraler Park mit Theater, Restaurant und schattigen Sitzplätzen. *Stadtplan E2 • Karetnyj Rjad 1–3 • U-Bahn: Čechovskaja*

3 Alexanderpark
Idyllische Anlage an den Kremlmauern *(siehe S. 66).*

4 Kolomenskoje-Park
Hügeliger Park mit Kirschbäumen. *Stadtplan B3 • Andropova prospekt • U-Bahn: Kolomenskaja • 8–21 Uhr*

5 Botanischer Garten
Wunderbare, 300 Jahre alte Anlage mit tausenden Rosen und japanischen Pflanzen. *Stadtplan A1 • Ulica Botaničeskaja 4 • U-Bahn: VDNCh • Mai–Sep: 10–20 Uhr; Okt–Apr: 10–16 Uhr*

6 Izmajlovo-Park
Riesiger Waldpark mit See und großem Markt. *Stadtplan B2 • U-Bahn: Partizanskaja, Izmajlovskaja*

7 Sokolniki-Park
Grünanlagen, See und Pavillons aus der Sowjetzeit. *Stadtplan B1 • Sokolničeskii val 1 • U-Bahn: Sokolniki*

8 Siegespark
Gepflegte Anlage mit Siegesdenkmal und Museum des Großen Vaterländischen Krieges *(siehe S. 96).*

9 Caricyno-Park
Netter Park im Süden und Standort des unvollendeten Caricyno-Palasts Katharinas der Großen *(siehe S. 98).*

10 Sozialistischer Skulpturenpark
Interessanter kleiner Park mit Skulpturen *(siehe S. 90f).*

Attraktionen für Kinder **siehe S. 54**

Sowjetische Symbole an der Fassade des Außenministeriums

TOP 10 Sowjetische Architektur

1 Hotel Ukraina (1950–1956)

Das 34-stöckige und 206 Meter hohe Hotel mit seinen 1600 Zimmern ist eine von Stalins »Sieben Schwestern« und Europas höchstes Hotel. Die untere Ebene ist mit steinernen Weizengarben verziert – einem Nationalsymbol der Ukraine.

Stadtplan C4 • Kutuzovski prospekt 2/1 • U-Bahn: Kievskaja • www.hotelukraina.ru

2 Außenministerium (1948–1953)

Das 27-geschossige Gebäude im stalinistischen »Zuckerbäckerstil« sollte an Manhattans Wolkenkratzer erinnern. Entworfen wurde es von Michail Minkus und Vladimir Gelfreich *(siehe S. 77)*.

3 Moskauer Staatsuniversität (1949–1953)

Auf einem Hügel steht das monumentale Universitätsgebäude, ein Wahrzeichen von Moskau. Die Anlage ist symmetrisch und besteht aus vier Flügeln um einen zentralen Turm *(siehe S. 97)*.

4 Lenin-Bibliothek (1928–1960)

Der neoklassische Stil des vornehmen Bauwerks verkörpert den Kompromiss zwischen konstruktivistischen und klassizistischen Architekten, die sich in

Die neoklassische Lenin-Bibliothek

den 1920er Jahren erst nicht einigen konnten. In der Bibliothek ist je ein Exemplar aller in Russland seit 1922 veröffentlichten Bücher – inzwischen über 40 Millionen.

Stadtplan M3 • Ulica Vozdviženka 3 • U-Bahn: Biblioteka imeni Lenina

5 Lermontov-Turm (1949–1953)

Der Bau ist ebenfalls eine von Stalins »Sieben Schwestern« und weist Elemente alter russischer Architektur auf. Errichtet wurde er am Geburtsort des Dichters Lermontov *(siehe S. 42)*. Der von zwei Wohnblöcken flankierte Turm beherbergt Büros mehrerer Ministerien.

Stadtplan G2 • Lermontovskaja ploščad 21 • U-Bahn: Krasnye Vorota

Moskauer Staatsuniversität

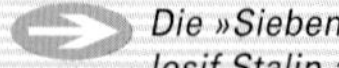

Die »Sieben Schwestern« sind sieben auffällige Hochhäuser, die Iosif Stalin als Symbole der sowjetischen Größe bauen ließ.

6 Vostanija-Wohnblock (1950–1954)

Zwei der schon durch ihre Ausmaße beeindruckenden »Sieben Schwestern« wurden als Wohnblocks für die sowjetische Elite konzipiert. Vostanija war Wissenschaftlern, Kosmonauten und Piloten vorbehalten. *Stadtplan J2 • Kudrinskaja ploščad • U-Bahn: Barrikadnaja*

7 Nördliches Flussterminal (1932–1937)

Das von einem roten Stern gekrönte Gebäude soll an einen Dampfer des 19. Jahrhunderts erinnern. Der symmetrische Bau ist um einen großartigen Treppenaufgang angelegt, der von der Haupthalle zum Flussufer führt. *Stadtplan A1 • Leningradskoje šosse 51 • U-Bahn: Rečnoj Vokzal*

8 Družba-Arena (1979)

Die wegen ihrer 28 Betonbeine auch als »Spinne« bezeichnete Sporthalle wurde für die Olympischen Sommerspiele 1980 gebaut. Zu jener Zeit trug die Arena die größte Betonkuppel der Welt. Früher wurde die Halle für Volleyball genutzt, heute wird hier Tennis gespielt. Die Sportanlage bietet Platz für bis zu 3500 Zuschauer. *Stadtplan A2 • Lužnetskaja nab. 4 • U-Bahn: Sportivnaja*

9 Denkmal für die Eroberer des Weltraums (1964)

Das aufsehenerregende Monument soll den Start einer Rakete symbolisieren. Auf dem dunklen Granitsockel sind Reliefs sowjetischer Kosmonauten, Ingenieure

Monument für die Eroberer des Weltraums

und Wissenschaftler bei der Startvorbereitung zusehen. *Stadtplan B1 • Mira prospekt • U-Bahn: VDNCh*

10 Begovaja-Wohnblock (1965–1978)

Wegen der Betonstützen und der sich überlappenden Betonplatten trägt dieser Bau den Beinamen »Tausendfüßler«. Der funktionale Bau repräsentiert den Brutalismus, einen Architekturstil der Moderne. *Stadtplan C1 • Ulica Begovaja 34–36 • U-Bahn: Begovaja*

Unter dem Denkmal für die Eroberer des Weltraums befindet sich ein Raumfahrtmuseum.

Links **Prozession zum Maifeiertag** Rechts **Männer mit Blumen am Frauentag**

TOP 10 Feiertage & Events

1 Silvester

Die Moskowiter feiern Silvester eher zu Hause, trotzdem begeben sich manche zum Roten Platz, um die Kremlglocken um Mitternacht schlagen zu hören und das Feuerwerk zu sehen.

Sylvesterfeuerwerk

2 Winterfestival

Im Winterfestival (Ende Dez–Anfang Jan) steht auf dem Roten Platz eine Eislaufbahn, während im Gorki-Park Eisskulpturen angefertigt werden. In der Ulica Arbat gibt es Schneemannwettbewerbe und Troikafahrten, im Izmajlovo-Park Volkstanz.

3 Tag der Verteidiger des Vaterlands

Am 23. Februar gibt es an den Kriegsdenkmälern in ganz Russland Militärparaden und Kranzniederlegungen. Der ehemalige Tag der Roten Armee, an dem man Lenins Einführung einer Arbeiter- und Bauernarmee 1918 gedachte, gilt heute den Gefallenen.

Eisoktopus im Gorki- Park, Eisskulpturen-Festival

4 Maslenica

Die Woche vor Beginn der Fastenzeit wird mit Pfannkuchen und Festivitäten gefeiert. Auf dem Roten Platz gibt es täglich Veranstaltungen mit Theater, Akrobatik und Musik. Den Abschluss bilden eine Parade und Feuerwerk am Sonntag, dem Tag der Vergebung.

5 Oster-Festival

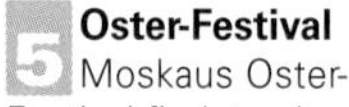

Moskaus Oster-Festival findet seit 2002 statt. Zwei Wochen lang gibt es klassische Konzerte in der ganzen Stadt. Zum Abschluss findet am Tag des Sieges im Siegespark ein großartiges Open-Air-Konzert statt.

6 Frauentag

1917 nutzte man den Frauentag aufgrund der Nahrungsknappheit zu Protesten gegen die Regierung, die schließlich in der Revolution endeten. Seitdem wird dem 8. März allergrößter Respekt gezollt. Männer huldigen an diesem Tag den Frauen in ihrem Leben.

7 Maifeiertag

Der zu Sowjetzeiten mit viel Pomp als Tag der Arbeit begangene Feiertag wird heute insbesondere von radikalen Gruppen als Gelegenheit genutzt, Dampf abzulassen.

Freizeittipps **siehe S. 44**

Parade zum Tag des Sieges, Roter Platz

8 Tag des Sieges

Einer der wichtigsten Nationalfeiertage Russlands gedenkt der Kapitulation Nazi-Deutschlands gegenüber der Sowjetunion und den Alliierten am 9. Mai 1945. Soldaten, Kriegsveteranen und Zivilisten nehmen an den riesigen Paraden auf dem Roten Platz und im Siegespark teil.

9 Moskauer Stadttag

Den am ersten Septemberwochenende stattfindenden Stadttag führte Boris Jelzin 1986 als Moskauer Stadtjubiläum ein. Moskau wurde 1147 als kleine Festung gegründet. Am Sonnabend ziehen bunte Festwagen durch die Ulica Tverskaja Richtung Roter Platz, wo es buntes Markttreiben gibt.

10 Tag der nationalen Einheit

Dieser mittlerweile auf den 7. November verlegte Feiertag galt ursprünglich der Oktoberrevolution und wird heute nur noch von überzeugten Kommunisten gefeiert. Rentner winken dabei vor dem Lenin-Mausoleum *(siehe S. 63)* mit Porträts von Iosif Stalin.

Top 10 Kulturevents

1 Biennale für zeitgenössische Kunst (Feb)

Vierwöchiges Festival für zeitgenössische Kunst auf verschiedenen Bühnen. *www.moscowbiennale.ru*

2 Goldmasken-Festival (Feb/März)

Ein Monat voller Aufführungen: Theater, Oper, Ballett, Musik und Marionettentheater. *www.goldenmask.ru*

3 Moskau-Forum (Apr)

Klassische Musik des 20. Jahrhunderts und Workshops. *www.ccmm.ru*

4 Boheme Jazz Festival (Mai)

Jazzfestival Ende Mai im Internationalen Haus der Musik Moskau *(siehe S. 40)*.

5 Moskauer Sterne (Mai)

Eine Woche mit klassischen Konzerten der Staatlichen Philharmonischen Gesellschaft. *www.classicalmusic.ru*

6 Internationales Filmfest (Juni)

Moskaus Kinos zeigen russische und internationale Filme. *www.moscowfilmfestival.ru*

7 Russische Fashion Week (Apr & Okt)

Zweimal jährlich präsentieren Russlands Topdesigner ihre neuen Kollektionen. *www.russianfashionweek.com*

8 International Folk Music Festival (Okt)

Event im Zentralen Künstlerhaus *(siehe S. 38)*.

9 Jazzfestival (Dez)

Russische und internationale Jazzsänger geben sich ein Stelldichein.

10 Festival der klassischen Musik (Dez)

Klassische Konzerte im Puškin-Museum der bildenden Künste *(siehe S. 16f)*.

Weitere Informationen zum Boheme Jazz Festival im Mai und zum Jazzfestival im Dezember finden Sie unter **www.jazz.ru**

Links **Einkaufszentrum Gostinyj Dvor** Rechts **Shopper in der Ulica Arbat**

TOP 10 Läden & Märkte

1 Manež Mall

Das in den 1990er Jahren neben dem Alexanderpark drei Stockwerke tief in den Boden gebaute, schicke Einkaufszentrum bietet alle gängigen Modelabels und eine ganze Etage mit Lokalen *(siehe S. 86)*.

2 Dorogomilovski-Markt

Der riesige Dorogomilovski-Markt besteht aus gepflegten Ständen mit uniformierten Verkäufern. Angestellte tragen auf Wunsch Ihre schweren Taschen. Der Markt bietet eine riesige Auswahl an lebenden Fischen und Hummern, Oliven, Gemüse, Saucen, Gewürzen und Käse aus Russland und dem Ausland.

Stadtplan B4 • Ulica Možajski val 10 • U-Bahn: Kievskaja • 7–20 Uhr

3 Izmajlovo-Markt

Den Izmajlovo-Markt besucht man am besten am Wochenende. Eine Unzahl von Ständen bietet dort alles von Teppichen und Haushaltswaren über Bücher und Kleidung bis zu Souvenirs feil. Besonders Matrjoškas und Sowjetandenken bekommt man hier zuhauf. Feilschen gehört dazu.

Stadtplan B1 • 3 Ulica Parkovaja 24 • U-Bahn: Partizanskaja • 8–20 Uhr

4 Ulica Arbat

Arbat war früher Treffpunkt der Moskauer Intelligenz. Heute lockt die Fußgängerzone Besucher und Einheimische, die dort Souvenirs, Schmuck und Antiquitäten sowie Restaurants und Bars *(siehe S. 75)* finden

5 Ulica Petrovka

Wo einst Moskaus aristokratische Elite wohnte, haben längst erstklassige Läden und schicke Restaurants die noblen Domizile aus dem 19. Jahrhundert übernommen. Gegenüber dem Hotel Marriott Tverskaja *(siehe S. 117)* steht der edle Petrovski Pasaž. Der glitzernde Einkaufstempel mit Marmorböden wurde 1903 gebaut und ist heute die erste Shoppingadresse der Stadt *(siehe S. 86)*.

Izmajlovo-Markt im Winter

6 Ulica Tverskaja

Historisch bedeutend ist die Ulica Tverskaja als Straße, die vom Kreml in die ehemals mächtige

Stadt Tver und weiter nach St. Petersburg führte. Die Sowjets verbreiterten und begradigten sie. Heute wird die Ulica Tverskaja von Läden, Restaurants, Museen und Theatern gesäumt *(siehe S. 86)*.

7 Dom Inostrannoi Knigi

Der 1936 eröffnete wunderbare Buchladen hat bis heute wandfüllende Holzregale, in denen über 20 000 fremdsprachige Titel stehen – die meisten davon in englischer Sprache. Sie decken alles von Belletristik über Fachbücher bis Ratgeber ab.

Stadtplan N2 • Kuznecki Most 10/7 • U-Bahn: Kuznecki Most • Mo–Fr 9–21 Uhr, Sa 10–21 Uhr, So 10–20 Uhr

Das gut sortierte Dom Inostrannoi Knigi

8 CUM

Das 1857 von zwei schottischen Unternehmern gegründete CUM hieß bis zur Verstaatlichung durch die Kommunisten Mjur & Meriliz. Der imposante siebenstöckige Bau stammt von 1908 und wird von edlen Läden mit Designermarken genutzt *(siehe S. 80)*.

9 GUM

Eine Moskaureise ohne einen Besuch im legendären GUM ist quasi nicht denkbar. Das wunderbare Einkaufszentrum aus dem

Das traditionsreiche Einkaufszentrum GUM

19. Jahrhundert besteht aus drei Hallen unter einem Glasdach voller Boutiquen, Cafés und Eisdielen *(siehe S. 64)*.

10 Gostinyj Dvor

Wo heute das Gostinyj Dvor ist, gab es bereits im 16. Jahrhundert einen Markt. Verschiedene Handelshäuser standen seitdem hier. Das heutige Gebäude wurde 1830 fertiggestellt. Es umfasst drei Etagen voller Läden und Cafés mit Aussicht auf einen großzügig bemessenen Innenhof. Der Komplex wurde 1995 mit einem Glasdach versehen.

Stadtplan N3 • Ulica Ilinka 4 • U-Bahn: Ploščad Revoljucii, Kitaj Gorod

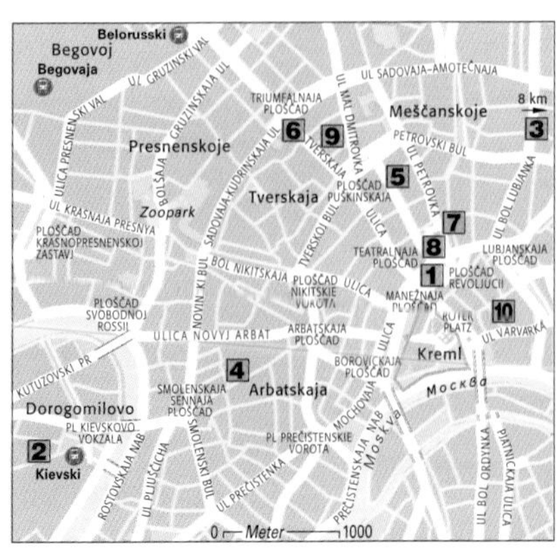

Shopping-Tipps siehe S. 106

Links **Sea Aquarium** Mitte **Juri Nikulins Alter Moskauer Zirkus** Rechts **Moskauer Katzentheater**

TOP 10 Attraktionen für Kinder

1 Arlekino Kinderclub

Der beliebte Club bietet eine große Auswahl an Aktivitäten. Von betreuten Spielzonen über Trampolinspringen bis hin zu Gesangs- und Tanzunterricht ist alles geboten. Getränke sind im Preis inbegriffen. *Stadtplan G4 • Ulica Verchnaja Radiščevskaja 19/3 • (495) 915 1106 • U-Bahn: Taganskaja • Mo–Fr 13–22 Uhr, Sa, So 12–22 Uhr • Eintritt*

Arlekino-Kinderclub

2 Moskauer Puppentheater

Die Aufführungen sind in erste Linie für Kinder, es gibt aber auch einige experimentelle Stücke für Erwachsene. Meistens sind Schauspieler beteiligt, die nicht nur die Marionetten bedienen, sondern auch als brillante Darsteller mitspielen. *Stadtplan H2 • Ulica Spartakovskaja 26/30 • (495) 267 4288 • U-Bahn: Baumanskaja • Di–So 11–18 Uhr • Eintritt*

3 Obrazcov-Puppentheater

Das nach Sergej Obrazcov (1901–1992), dem meisterhaften Puppenspieler benannte Theater, der es 60 Jahre lang leitete, ist das größte Puppentheater Russlands. Es präsentiert sehenswerte Aufführungen für Kinder und Erwachsene. Das hauseigene Museum besitzt über 3000 Puppen. *Stadtplan E1 • Ulica Sadojova-Samotjočnaja 3 • (495) 699 5373 • U-Bahn: Cvetnoj bulvar • Vorstellung 11, 14 & 17 Uhr • Eintritt • www.puppet.ru*

Aufführung im Obrazcov-Puppentheater

4 Moskauer Zoo

Der riesige Moskauer Zoo beherbergt über 960 Tierarten und veranstaltet regelmäßig Tiervorführungen und -fütterungen für die Besucher. *Stadtplan J2 • Ulica Bolšaja Gruzinskaja 1 • (495) 255 6034 • U-Bahn: Krasnopresnenskaja • Apr–Sep: Di–So 10–20 Uhr; Okt–März: Di–So 10–17 Uhr • Eintritt*

5 Sea Aquarium

Das Sea Aquarium ist ein riesiger Fischladen, aber unbedingt einen Besuch wert. *Stadtplan Q2 • Čistoprudnyj bulvar 14 • (495) 623 2261 • U-Bahn: Čistye Prudy • Mo–Fr 10–19 Uhr, Sa, So 10–18 Uhr • Eintritt*

Das Moscow Ocean Centre soll drei Unterwasserbecken haben; die Eröffnung im Siegespark (siehe S. 45) *ist für 2011 geplant.*

6 Gorki-Park

Dieser wunderbare Park am Fluss hat Spielplätze, ein Riesenrad mit herrlicher Aussicht und ein original russisches Raumschiff *(siehe S. 90)*.

Aufführung im Kinder-Musical-Theater

7 Durov-Tiertheater

Vladimir Durov schuf 1912 das einzigartige Theater mit der Dressur von Tieren wie Seelöwen und Ameisenbären. Heute hat das Theater eine große Hauptbühne und eine kleinere Bühne für Kinder. Zu sehen sind tanzende Pferde und Stachelschweine sowie ein lächelndes Nilpferd. *Stadtplan F1 • Ulica Durova 4 • (495) 631 3029 • U-Bahn: Prospekt Mira • Große Bühne: Vorstellung Di–So 12, 15 & 18 Uhr; kleine Bühne: Vorstellung Mi–So 11 & 14 Uhr • Eintritt*

8 Moskauer Katzentheater

Die Stars des surrealen Theaters sind 120, vom Clown Juri Kuklačev dressierte Katzen. Zusammen mit Schauspielern zeigen sie Tricks. Außerdem treten die Katzen in *Cats from Outer Space* und einer freien Interpretation des *Nussknacker* auf. *Stadtplan B4 • Kutuzovski prospekt 25 • (499) 249 2907 • U-Bahn: Kutuzovo • 11–18 Uhr (Kartenschalter); Vorstellung Mi–Fr 16 & 18 Uhr, Sa, So 15 & 19 Uhr • Eintritt • www.catstheatre.ru*

9 Kinder-Musical-Theater

Natalia Sats eröffnete dieses Theater 1965 mit dem Ziel, Oper Ballett und Musicals einem jüngeren Publikum mit Werken wie *Madame Butterfly* und *Eugen Onegin* näherzubringen. *Stadtplan A3 • Vernadskovo prospekt 5 • (495) 930 7021 • U-Bahn: Universitet • 12–18 Uhr (Kartenschalter) • Eintritt • www.teatr-sats.ru*

10 Juri Nikulins alter Moskauer Zirkus

Moskaus erster fester Zirkus wurde 1880 gegründet und ist seither in Betrieb. Das höchst unterhaltsame Repertoire umfasst Tiere, Akrobaten und Zauberer. Der legendäre Clown Juri Nikulin war von 1982 bis 1997 der Direktor. *Stadtplan F2 • Cvetnoj bulvar 13 • (495) 625 8970 • U-Bahn: Cvetnoj bulvar • Vorstellung 14.30 & 18 Uhr • Eintritt • www.circusnikulin.ru*

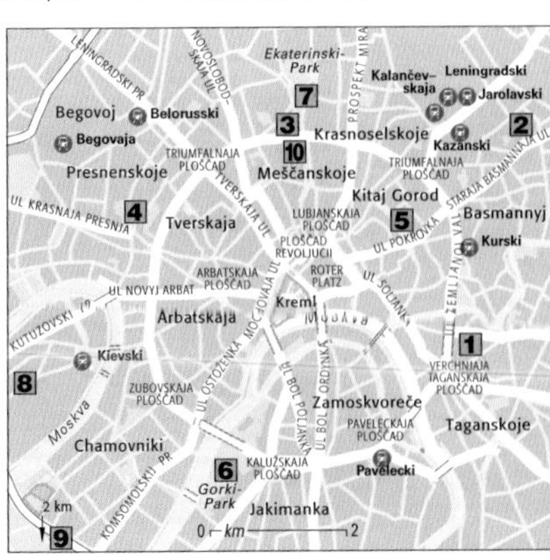

Im Winter verwandelt sich der Gorki-Park in eine riesige Eislaufbahn, während Eisbildhauer dort ihre Kreationen erschaffen.

Links **Band im B2, Moskaus größtem Nachtclub** Rechts **Bilingua**

Top 10 Bars & Clubs

1 Karma

Das bei Moskowitern außerordentlich beliebte Karma hat sehr viel Atmosphäre und ein orientalisch angehauchtes Ambiente. Regelmäßig finden in der Bar Salsa-Events sowie Karaoke, Disco und Live-Gigs statt. Spätnachts tanzen Stripperinnen.

Stadtplan N2 • Ulica Pušečnaja 3 • (495) 924 5633 • U-Bahn: Kuznecki Most • Mi–So 21–6 Uhr • Eintritt

2 Bilingua

Der mit bizarrer Kunst verzierte, gemütlich-chaotische Club zeigt abgefahrene Underground-Events und Konzerte und serviert billige Speisen und Getränke.

Stadtplan P2 • Krivokolenni pereulok 10/5 • (495) 623 9660 • U-Bahn: Turgenskaja • 24 h • Eintritt

3 Ikra

Relieftapeten, Spiegel mit barocken Goldrahmen und Plüschmöbel verleihen dem Ikra einen düsteren Schick, von dem sich ein urbanes Publikum angezogen fühlt. Der Club besitzt ein hervorragendes Soundsystem und ist groß genug, um internationale Gäste wie Coldcut und Gogol Bordello auftreten zu lassen.

Stadtplan H3 • Ulica Kazakova 8a • (495) 778 5651 • U-Bahn: Kurskaja • 12–6 Uhr • Eintritt

4 Propaganda

Der von Ausländern und Moskauer Künstlern frequentierte Club ist legendär. Er gilt als eine der coolsten Adressen der Stadt. Hier geht alles: Musik von Retro und Rock bis Electro, sonntags ist Schwulennacht. Tagsüber wird die Tanzfläche als Speiseraum eines Restaurants genutzt.

Stadtplan P2 • Bolšoj Zlatoustinski pereulok 7 • (495) 624 5737 • U-Bahn: Lubjanka • 12–6 Uhr

5 Denis Simačev

Hier geht Moskaus junge Schickeria hin, die ihren Reichtum in ständiger Partylaune zur Schau stellt. Der höchst extravagante Club liegt im Erdgeschoss der exklusiven Herrenmodeboutique Denis Simačev. Türsteher sorgen für einen gewissen Standard.

Stadtplan M1 • Stolešnikov pereulok 12/2 • (495) 629 8085 • U-Bahn: Puškinskaja • 24 h • Eintritt

Bar des Ikra

Bilingua organisiert an den Wochenenden Musik- und Kunstkurse sowie Vorführungen von Kinderfilmen.

6 16 Tons

Diese kitschige Imitation eines English Pub hat eine eigene Brauerei für Real Ale und eine Küche, die russische Standardgerichte ebenso wie Bacon and Eggs zubereitet. Oben ist ein geräumiger Club mit Live-Musik und DJs. *Stadtplan C2 • Ulica Presnenski val 6/1 • (495) 253 5300 • U-Bahn: Ulica 1905 Goda • 11–6 Uhr*

7 Zona

3000 Gäste fasst dieser abgefahrene Club auf seinen fünf Etagen. Im Hauptbereich dröhnt Techno, während im stylischen Untergeschoss mit kuscheligen Wandbezügen R&B pulsiert. Die oberen Ebenen sind für VIPs. *Stadtplan B2 • Ulica Leninskaja Sloboda 19/2 • (495) 229 1428 • U-Bahn: Avtozavodskaja • Fr–So 23–8 Uhr • Eintritt*

8 Gaudi Arena

Der größte Tanzpalast der Stadt bietet Platz für bis zu 8000 Clubgänger. Hochmoderne Sound- und Lichtsysteme, Clubnächte mit den britischen Gatecrashers und berühmte Gast-DJs machen diesen Club zum Magneten für echte House- und Technofans. *Stadtplan A1 • Ulica Skladočnaja 1 • (495) 508 8060 • U-Bahn: Savelovskaja • 20–6 Uhr • Eintritt*

Durchgang zum Gogol

9 Gogol

Das Gogol ist die Adresse Moskaus für die neuesten Underground-Sounds. Regelmäßig treten hier weniger bekannte russische und internationale Gruppen mit allem von Pop-Punk bis Avantgarde auf. *Stadtplan M1 • Stolešnikov pereulok 11 • (495) 514 0944 • U-Bahn: Teatralnaja • 21–6 Uhr • Eintritt*

10 B2

Moskaus größter Club hat fünf Etagen rund um einen riesigen Konzertsaal, in dem oft Bands und DJs auftreten. Er besitzt einen Pub, Restaurant, Jazz-Club, Chillout- und VIP-Bereich für die Elite der Stadt. *Stadtplan D2 • Ulica Bolšaja Sadovaja 8/1 • (495) 650 9918 • U-Bahn: Majakovskaja • 12–6 Uhr • Eintritt*

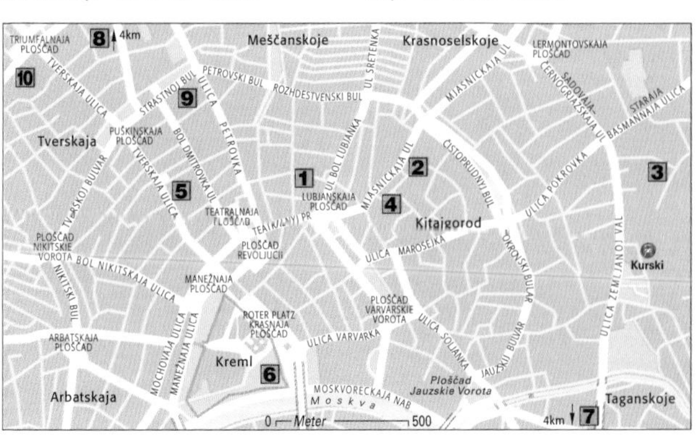

Theater & Bühnen siehe S. 40f

Links **Speisesaal des Savoy** Rechts **Schild am Eingang des Tiflis**

Top 10 Restaurants

1 Savoy

Das Restaurant Savoy ist heute noch ebenso prachtvoll dekoriert wie zur Eröffnung 1913. Der opulente Rokokosaal ist mit Gold, Marmor und Plüschsesseln ausgestattet. Auf der Speisekarte findet man russische und internationale Speisen *(siehe S. 73)*.

2 Tiflis

Dies ist eine der besten Adressen in Moskau für georgische Küche – bei Russen sehr beliebt. Der wunderbare Außenbereich liegt im Schatten von Weinreben und Bäumen. Das *Šašlik* (Fisch- oder Fleischspieße) ist exzellent *(siehe S. 79)*.

3 Café Puškin

Als Inbegriff der Moskauer Oberschicht beschwört das Café Puškin das 19. Jahrhundert herauf. Die Kellner tragen Livree, die Möbel sind antik und die internationale Cuisine würde Zaren munden. Der Steinsaal ist der eleganteste Raum hier, aber die Bibliothek bietet eine fantastische Aussicht auf den Tverskoj Bulvar *(siehe S. 87)*.

4 Roter Platz

Dieses im Historischen Museum *(siehe S. 63)* gelegene, feine Restaurant ist auf Speisen spezialisiert, die früher bei Hofe gekocht wurden. Dazu liefert man zu jedem Gericht die passende Anekdote, z. B. zu *solianka* (scharfe Fleischsuppe), die es schon im 10. Jahrhundert *(siehe S. 67)* gab.

5 Uzbekistan

Dies ist eines der ältesten Restaurants Moskaus, es besteht seit 1951. Durch geschnitzte Holztüren geht es in den opulenten Innenraum mit Orientteppichen und Kronleuchtern. Bauchtanz sowie stolzierende

Elegantes Interieur des Café Puškin

Von September bis Mai gibt es im Restaurant Roter Platz »historische Dinners« mit zwölf Gängen wie zur Zarenzeit.

Pfauen und Hahnenkämpfe tragen zur märchenhaften Atmosphäre bei *(siehe S. 73)*.

6 Yoko
Mit zweimal wöchentlich aus Tokyo eingeflogenem frischem Fisch und einem preisgekrönten Sushikoch hat sich das Yoko seine eigene exklusive Nische unter den zahllosen japanischen Restaurants Moskaus geschaffen. Auch die Aussicht auf die Kathedrale *(siehe S. 75)* ist fantastisch.
Stadtplan L5 • 5 Sojmonovski proezd • (495) 290 1217 • U-Bahn: Kropotkinskaja • RRRR

7 Oblomov
Das in einer großartigen Villa im Imperialstil des 19. Jahrhunderts ansässige Oblomov serviert traditionell russische Gerichte mit erlesenen Weinen. Im orientalischen Loungebereich kann man Wasserpfeife rauchen. Es gibt auch eine Terrasse *(siehe S. 93)*.

8 Dorian Gray
Das wegen seiner guten Küche hoch geschätzte Dorian Gray ist bei der Elite beliebt. Angeblich zählt es zu Vladimir Putins Lieblingsrestaurants. Das Tiramisu des sizilianischen Küchenchefs ist legendär *(siehe S. 93)*.

9 Artists' Gallery
Das Restaurant trägt dem künstlerischen Schaffen des Besitzers, Zurab Cereteli *(siehe S. 76)* Rechnung, dessen Werke an den Wänden der Speiseräume hängen. Die Küche bietet eine Mischung aus Europa und Japan, wobei die Betonung auf kreativer Präsentation liegt. *Stadtplan K6 • Ulica Prečistenka 19 • (495) 637 3522 • U-Bahn: Kropotkinskaja • RRRRR*

Buntes Interieur der Artists' Gallery

10 Noev Kovčeg
Moskaus bestes armenisches Restaurant bietet ein ganz besonderes Erlebnis der Küche und Kultur Armeniens. Frischer Fisch und Fleisch werden aus Armenien eingeflogen, armenische Cognacs sind reichlich vorhanden, und Live-Musik mit traditionellen Folkloregruppen sorgt für Stimmung *(siehe S. 73)*.

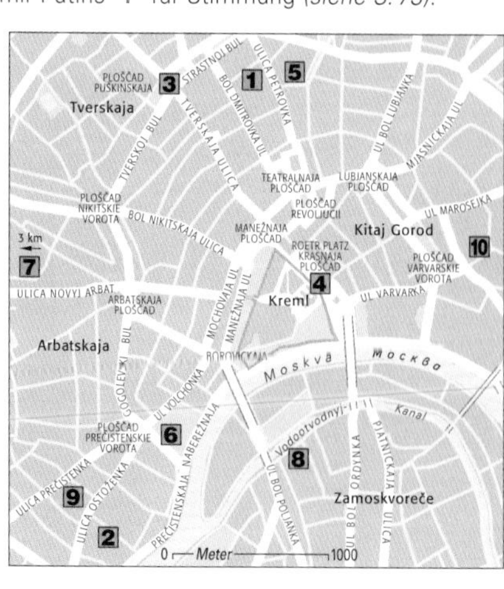

Preiskategorien siehe S. 67

ЧАСЫ

TOP 10 MOSKAU

STADTTEILE

Blick vom anderen Moskva-Ufer auf den Kreml

Kreml & Roter Platz

MOSKAUS HISTORISCHES ZENTRUM *ging ab dem 12. Jahrhundert aus einer ausgedehnten Zitadelle hervor. Heute befindet sich hier der Kreml mit seinem Ensemble aus Palästen und Kathedralen und dem Sitz des russischen Staatspräsidenten. Trotz des begrenzten Zutritts gibt der Kreml einen überwältigenden Eindruck von der bewegten Geschichte des Landes. Der Rote Platz mit den Kuppeln der Basiliuskathedrale diente lange Zeit für Zeremonien und Paraden, bis heute ist er Zentrum des Stadtlebens.*

Links **Historisches Museum am Roten Platz** Rechts **Großer Kremlpalast**

TOP 10 Attraktionen

1. Basiliuskathedrale
2. Lenin-Mausoleum
3. Historisches Museum
4. Kreml-Mauergräber
5. Rüstkammer
6. GUM
7. Großer Kremlpalast
8. Mariä-Entschlafens-Kathedrale
9. Facettenpalast
10. Patriarchenpalast

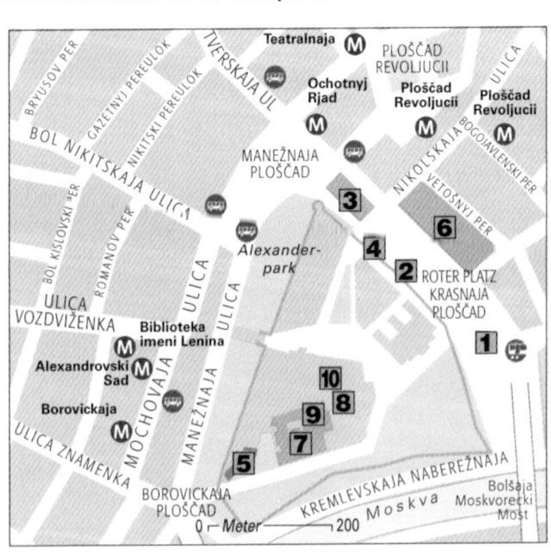

Vorhergehende Doppelseite **Interieur des Einkaufszentrums GUM**

Die verspielte Basiliuskathedrale

1 Basiliuskathedrale

Moskaus buntestes Wahrzeichen wurde im 16. Jahrhundert zur Feier der Eroberung von Kazan und der damit endenden Mongolenherrschaft in Russland gebaut. Motive der Kazaner Moschee verschmelzen hier mit russisch-orthodoxen Elementen zu einer prachtvollen Einheit von Ost und West, die Russlands Macht symbolisiert *(siehe S. 8f)*.

2 Lenin-Mausoleum

Das imposante Granitmausoleum erbaute der renommierte russische Architekt Alexej Ščusev 1930. Da Besucher nicht allzu nahe an den Kristallsarg herantreten dürfen, in dem Lenins einbalsamierter Leichnam ruht, hält sich hartnäckig das Gerücht, es handele sich dabei um eine Wachsfigur. Doch offiziell heißt es, ein von sowjetischen Wissenschaftlern entwickeltes, chemisches Spezialverfahren habe Lenins Körper konserviert.

Stadtplan N3 • Krasnaja ploščad • U-Bahn: Ochotnyj Rjad, Ploščad Revoljucii • Di–Do, Sa, So 10–13 Uhr

3 Historisches Museum

Das 1872 gegründete Museum hat eine riesige Sammlung mit über 4,5 Millionen Objekten, von denen 22 000 zu sehen sind. Die Ausstellung beginnt bei Spuren des frühen paläolithischen Menschen und dokumentiert die russische Geschichte im Laufe der Zeit. Die sorgfältig angeordneten Themenbereiche mit faszinierenden Artefakten umfassen auch einen 7,5 Meter langen neolithischen Einbaum, einen massiven Marmorsarkophag aus dem 4. Jahrhundert v. Chr. und einen großen Holzglobus, den holländische Kartografen 1697 für Peter den Großen anfertigten.

Stadtplan M3 • Krasnaja ploščad 1 • (495) 692 4019 • U-Bahn: Ochotnyj Rjad, Ploščad Revoljucii • Mo–Sa 10–18 Uhr, So 11–20 Uhr • Eintritt • www.shm.ru

4 Kreml-Mauergräber

Die Kremlmauer hinter dem Lenin-Mausoleum wurde 1917 als Nekropolis genutzt. 238 Bolschewiken wurden in einem Massengrab dort beigesetzt. Später mauerte man die Urnen von über 100 Sowjethelden in die Wand und kennzeichnete sie mit Tafeln. Zwölf sowjetische Staatsmänner, d. h. alle Staatsoberhäupter außer Chruščov, haben hier Einzelgräber. *Stadtplan M3 • Krasnaja ploščad • U-Bahn: Biblioteka imeni Lenina, Ochotnyj Rjad*

Grab des unbekannten Soldaten, Kreml-Mauergräber

Sowjetische Architektur **siehe S. 46f**

Massenhinrichtung

Einer der schlimmsten Gewaltexzesse während der Regierungszeit des berühmt-berüchtigten Herrschers Ivan der Schreckliche ereignete sich am 25. Juni 1570 auf dem Roten Platz. Ivan ließ dort 180 wegen Verrats Verurteilte vor den Augen der Öffentlichkeit auf grausamste Art zu Tode foltern und anschließend ihre Körper zerstückeln.

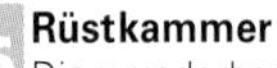

5 Rüstkammer

Die wunderbare Sammlung der Rüstkammer ist in einem großartigen Bau untergebracht, den Konstantin Ton *(1794–1881)* 1844 entwarf. Neben prächtig verzierten Waffen aus Russland, Europa und Fernost zeigt das Museum kostbare Objekte aus Russlands einstiger Herrscherriege *(siehe S. 14f).*

»Sommerkutsche«, Rüstkammer

6 GUM

Das berühmte Wahrzeichen Moskaus wurde Ende des 19. Jahrhunderts auf dem Gelände eines seit dem 15. Jahrhundert bestehenden Marktes gebaut. Es besteht aus drei Hallen, die mit poliertem Marmor verkleidet sind und ein Glasdach des Meisteringenieurs Vladimir Šučov (1853–1939) tragen. Heute ist der Einkaufstempel in Privatbesitz und mit rund 200 exklusiven Boutiquen, Cafés und Lebensmittelläden bestückt. *Stadtplan N3 • Krasnaja ploščad • U-Bahn: Ploščad Revoljucii • 10–22 Uhr*

7 Großer Kremlpalast

Das größte Gebäude des Kreml baute Konstantin Ton für Zar Nikolaus I. zwischen 1838 und 1849 anstelle eines älteren Palasts. Öffentlich zugänglich ist die Residenz des Präsidenten so gut wie nie, aber man sieht das Interieur bei offiziellen Zeremonien und internationalen Treffen oft im Fernsehen. *Stadtplan M4 • Kreml • U-Bahn: Biblioteka imeni Lenina, Borovickaja • www.kremlin.ru*

8 Mariä-Entschlafens-Kathedrale

Das kompakte, zugleich anmutige Erscheinungsbild der Mariä-Entschlafens-Kathedrale entwarf der italienische Architekt Aristotile

Marmornes Interieur des GUM

Aristotile Fioravanti (geb. um 1486) war ein italienischer Architekt und Baumeister der Renaissance.

Mariä-Entschlafens-Kathedrale, Kreml

Fioravanti. Er mischte russisch-orthodoxe Motive und Renaissance-Elemente. Innen glänzen goldene Fresken und eine riesige Ikonostase mit zahlreichen wertvollen Ikonen (*siehe S. 12f*).

9 Facettenpalast

Italienische Architekten bauten diesen Palast im 15. Jahrhundert. Der Name kommt von der im Renaissance-Stil mit Facetten gestalteten Steinfassade. Eine Außentreppe führt in eine reich bemalte Kammer, die das gesamte Obergeschoss einnimmt. Einst diente sie als königlicher Thronsaal, heute als Bankettsaal für Staatsgäste. *Stadtplan M4 • Kreml • U-Bahn: Biblioteka imeni Lenina, Borovickaja • Eintritt • www.kremlin.ru*

10 Patriarchenpalast

Der für Patriarch Nikon (1605–1681) erbaute Palast ersetzte ein bescheideneres Wohnquartier des Patriarchen. Der Palast trägt Wandgemälde und ist mit der Apostelkirche des Patriarchen verbunden. Der schönste Raum ist die Kreuzkammer, die als Empfangssaal dient. Heute sind dort Kunstwerke, Bibeln, liturgische Objekte und Ornate ausgestellt. *Stadtplan M4 • Kreml • U-Bahn: Biblioteka imeni Lenina, Borovickaja • 10–17 Uhr • Eintritt • www.kremlin.ru*

Spaziergang im Herzen Moskaus

Vormittag

Starten Sie an der Metrostation Ochotnyj Rjad. Gehen Sie Richtung Kreml am **Kilometer Null** (*siehe S. 11*) vorbei und bewundern Sie die Iverskaja-Kapelle, in der königliche Besucher beteten, bevor sie das **Auferstehungstor** (*siehe S. 11*) durchquerten. Rechts am **Roten Platz** befindet sich das **Historische Museum** (*siehe S. 63*), links die **Kazaner Kathedrale** (*siehe S. 37*). Verstauen Sie Taschen in der Garderobe des Historischen Museums, und reihen Sie sich in die Warteschlange vor dem **Lenin-Mausoleum** (*siehe S. 63*) und den **Kreml-Mauergräbern** (*siehe S. 63*) ein. Gehen Sie südwärts zur **Basiliuskathedrale** (*siehe S. 63*), und beachten Sie deren Symmetrie, bevor sie die Durchgänge betreten. Mittagsessen gibt es im **Bosco Café** (*siehe S. 67*).

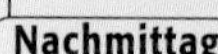

Nachmittag

Durch das Auferstehungstor verlassen Sie den Roten Platz und gehen links an der **Statue des Marschall Žukov** (*siehe S. 10*) vorbei in den **Alexanderpark** (*siehe S. 66*) unterhalb der Kremlmauer. Gehen Sie zum Durchgang zwischen Kreml und Kutafja-Turm. Dort gibt es Karten für die **Rüstkammer** (*siehe S. 14f*). Tickets für die **Kremlbauten** werden separat verkauft. Besuchen Sie die Rüstkammer, wo es Tickets für den **Diamantenfonds** (*siehe S. 15*) gibt. Günstiges Essen gibt es im Einkaufszentrum Manež (*siehe S. 67*), gut isst man im Restaurant **Roter Platz** (*siehe S. 67*) im Historischen Museum.

Kirchen & Kathdralen **siehe S. 36f**

Links **Zarenkanone** Mitte **Alexanderpark** Rechts **Gewandniederlegungskirche**

TOP 10 Dies & Das

1 Terempalast
Der dreistöckige Turm diente von 1635 bis 1712 – auch nach Verlegung der Hauptstadt nach St. Petersburg – als kaiserliche Residenz. Die Buntglasfenster und Wandgemälde wurden im 19. Jahrhundert restauriert. *Stadtplan M4*

2 Staatlicher Kremlpalast
Der Palast hat 800 Zimmer und einen riesigen Konferenzsaal. Ein Großteil des Gebäudes liegt unterirdisch *(siehe S. 41)*.

3 Erzengelkathedrale
Die für Königsgräber gedachte herrliche Kathedrale enthält Särge von 54 zwischen 1340 und 1730 verstorbenen Prinzen und Zaren. *Stadtplan M4 • Eintritt*

4 Zarenkanone
Die ursprünglich auf dem Roten Platz als Symbol russischer Macht aufgestellte riesige Bronzekanone wurde 1586 gegossen. Ihr Gewicht beträgt 39 Tonnen.

5 Zarenglocke
Die größte Glocke der Welt wiegt 199 580 Kilogramm. Ein 10 890 Kilogramm schweres Stück brach 1735 ab. Fortan blieb die Glocke unbenutzt, bis sie 1835 hier aufgestellt wurde.

6 Glockenturm »Ivan der Große«
Der 81 Meter hohe Glockenturm wurde im 16. Jahrhundert als höchstes Gebäude Moskaus errichtet. Die 20 Glocken hängen auf zwei Ebenen. *Stadtplan M4*

7 Mariä-Verkündigungs-Kathedrale
Die im 15. Jahrhundert gebaute Kirche hat herrliche Fresken, darunter ein Christusporträt von Simon Ušakov. *Stadtplan M4*

8 Gewand-niederlegungskirche
Die Kirche aus dem 15. Jahrhundert wurde für Metropoliten und Patriarchen *(siehe S. 12)* errichtet. Sie birgt eine Ausstellung mittelalterlicher Holzfiguren. *Stadtplan M4*

9 Erlöserturm
Der höchste Turm im Kreml ist 70 Meter hoch. Er wurde 1491 gebaut und erhielt 1625 mit dem Erweiterungsbau seine erste klingende Glocke. *Stadtplan N3*

10 Alexanderpark
Der Park wurde 1812 über dem kanalisierten Fluss Neglinnaja angelegt. Hier liegt das Grab des unbekannten Soldaten. *Stadtplan M3*

Der Staatliche Kremlpalast ist nur gelegentlich zu Konzerten und Sonderveranstaltungen öffentlich zugänglich (siehe S. 41).

Boutiquen im Einkaufspalast GUM

Preiskategorien

Die Preise gelten für ein Drei-Gänge-Menü pro Person inklusive einer halben Flasche Hauswein.		
	R	unter 800 Rub
	RR	800–1500 Rub
	RRR	1500–2000 Rub
	RRRR	2000–2500 Rub
	RRRRR	über 2500 Rub

TOP 10 Shops, Cafés & Restaurants

1 Roter Platz
Dieses Spitzenrestaurant serviert Gerichte wie bei Hofe (siehe S. 58). *Stadtplan M3 • Historisches Museum • Krasnaja ploščad 1 • (495) 692 1196 • U-Bahn: Ochotnyj Rjad • RRRRR*

2 Drova Café
Stimmungsvolle Beleuchtung, entspannte Musik und höfliche Bedienungen prägen das Ambiente. *Stadtplan M3 • Ulica Nikolskaja 5 • (495) 698 2484 • U-Bahn: Ochotnyj Rjad • RR*

3 Shop im Historischen Museum
Russische Souvenirs vom Wolfsfell bis zu ausgestopften Bären findet man in dieser Geschenkboutique. *Stadtplan M3 • Krasnaja ploščad 1 • U-Bahn: Ochotnyj Rjad*

4 GUM
Das Einkaufszentrum aus dem 19. Jahrhundert bietet diverse Designer-Boutiquen und Cafés (siehe S. 64). *Stadtplan N3 • Krasnaja ploščad • U-Bahn: Ploščad Revoljucii*

5 Bosco Café
Das Retrocafé Bosco lockt ein schickes Publikum an. Man bekommt köstliches Eis und Kuchen zur Aussicht auf den Roten Platz. *Stadtplan N3 • GUM • (495) 620 3182 • U-Bahn: Ploščad Revoljucii*

6 Planet Sushi
Das am Alexanderpark gelegene Planet Sushi ist Teil einer populären Sushi-Kette mit gutem Service und Qualität. *Stadtplan M3 • Manežnaja 1/2 • (495) 730 2251 • U-Bahn: Biblioteka imeni Lenina • RR*

7 Marktstände
In der Kopfsteinpflasterstraße vor dem Auferstehungstor sind viele Souvenirstände, die billige Sowjetandenken verkaufen. *Stadtplan M3 • Krasnaja ploščad • U-Bahn: Ochotnyj Rjad*

8 Essensmeile des Manež
Im Erdgeschoss dieses unterirdischen Einkaufszentrums befinden sich preiswerte Lokale. *Stadtplan M3 • Manežnaja ploščad • U-Bahn: Ochotnyj Rjad*

9 Kruška Pub
Die Kellerkneipe hat mehrere schummrige Gasträume, in denen Studenten Bier trinken. *Stadtplan N2 • Ulica Nikolskaja 15 • (495) 710 7199 • U-Bahn: Ploščad Revoljucii • R*

10 Café Norma
Das angesagte Café wird nachts zum pulsierenden Nachtclub. *Stadtplan N3 • Ulica Nikolskaja 4/5 • (495) 698 3809 • U-Bahn: Ploščad Revoljucii • RR*

Weitere Cafés & Restaurants siehe S. 58f, 72f, 78f, 87, 93 & 99

Links **Eingang des Majakovski-Museums** Rechts **Alte Englische Residenz**

Kitaj Gorod

MOSKAUS ÄLTESTES WOHN- UND GESCHÄFTSVIERTEL *Kitaj Gorod ist bis heute ein florierendes Handelszentrum mit zahlreichen Bars und Clubs. Die Haupteinkaufsstraßen Nikolskaja und Ilinka sind mit Einkaufszentren und Restaurants gespickt. Obwohl große Teile des Viertels in der Sowjetzeit abgerissen wurden, stehen noch einige bemerkenswerte historische Bauten, darunter viele in der Ulica Varvarka. Heute erstreckt sich das Stadtviertel bis um die hübschen Grünanlagen von Čistye Prudy.*

Blick in die Ulica Varvarka

TOP 10 Attraktionen

1. Dreifaltigkeitskirche von Nikitniki
2. Ulica Varvarka
3. Majakovski-Museum
4. Epiphaniaskathedrale
5. Moskauer Stadtmuseum
6. Alte Englische Residenz
7. Archäologisches Museum
8. Choral-Synagoge
9. Palast der Bojaren Romanov
10. Polytechnisches Museum

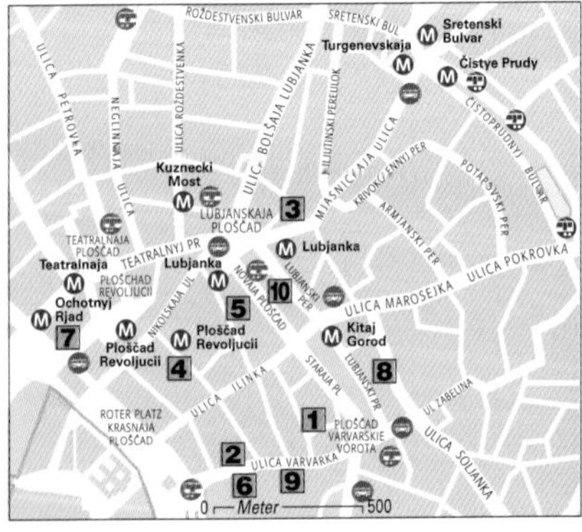

Kitaj Gorod war einst von Steinmauern umgeben. Reste davon stehen hinter dem Hotel Metropol in der Teatralnyj proezd.

1 Dreifaltigkeitskirche von Nikitniki

Diese Kirche ist ein wunderbares Beispiel für Architektur des 17. Jahrhunderts. Sie wurde von Grigori Nikitnikov gestiftet und zwischen 1634 und 1654 auf seinem Anwesen gebaut. Die bescheidenen Ausmaße werden durch aufwendige Dekoration und fünf Zwiebeltürmchen auf gewölbten Nischen, sogenannten *kokošniki*, wettgemacht. Im Kommunismus wurde die Kirche zum Museum. Inzwischen hat man die von Simon Ušakov stammenden bunten Fresken im Innenraum restauriert. *Stadtplan P3 • Nikitnikov pereulok 3 • U-Bahn: Kitaj Gorod • 10–17 Uhr • www.nikitniki.ru/eng*

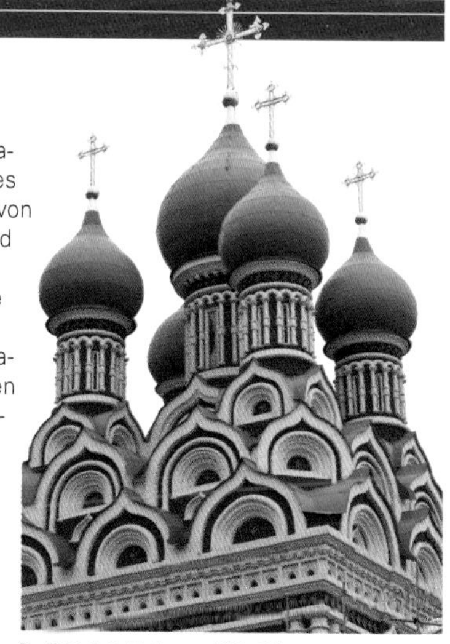

Dreifaltigkeitskirche von Nikitniki

2 Ulica Varvarka

Die zu den ältesten Straßen Moskaus zählende Ulica Varvarka ist nach St. Varvara benannt, einer von mehreren Kirchen entlang der Straße. Außer ihnen ist kaum noch etwas vom historischen Zarjadje-Viertel erhalten, einem belebten Handwerker- und Händlerviertel, das von sowjetischen Stadtplanern komplett umgestaltet wurde. Unter den Kommunisten wurden alle Kirchen geschlossen und in Museen, Konzertsäle oder Wohnblöcke umfunktioniert. *Stadtplan N3 • U-Bahn: Kitaj Gorod*

3 Majakovski-Museum

Vladimir Majakovski (1893–1930) war einer von Russlands führenden Futuristen und Dichter. Inspiriert von der Oktoberrevolution 1917, entwickelte er den sogenannten kommunistischen Futurismus und produzierte Propagandaplakate und -gedichte. Mit Mitte 30 wurde Majakovski in doppelter Hinsicht enttäuscht – von seiner Liebe und vom Kommunismus. Er erschoss sich am 14. April 1930. Das Museum würdigt ihn mit Skulpturen, Fotografien, Gedichten, Bildern und Plakaten. *Stadtplan P2 • Lubjanski prospekt 3/6 • (495) 621 9560 • U-Bahn: Lubjanka • Do 13–21 Uhr, Fr–Di 10–18 Uhr • Eintritt*

4 Epiphaniaskathedrale

Die Kathedrale mit ihren aufwendigen weißen Steinornamenten wurde 1696 fertiggestellt. Sie gehörte zu einem der ältesten Klöster Moskaus und war ursprünglich von Mönchszellen und der Residenz des Abts umgeben. Das Kloster wurde im 13. Jahrhundert gegründet und bestand über mehrere Jahrhunderte unter der Schirmherrschaft des jeweiligen Zaren. Die Kommunisten lösten den Konvent auf und brachten Arbeiter, die beim Bau des U-Bahn-Netzes tätig waren, im Kloster unter. In der Kathedrale werden erst seit 1991 wieder Gottesdienste gefeiert. *Stadtplan N3 • Bogojavlenski pereulok • U-Bahn: Ploščad Revoljucii • 10–19 Uhr*

Museen **siehe S.34f & 38f**

Das frühere Hotel Rossija

Der große Platz jenseits der Ulica Varvarka gehörte einst zum Zarjadje-Viertel. Er wurde vor über 50 Jahren für Stalins achten Prachtbau geschaffen *(siehe S. 46)* der jedoch nie realisiert wurde. In den 1960er Jahren schließlich entstand dort eines der hässlichsten Gebäude der Sowjetzeit: das 3000-Zimmer-Hotel Rossija, das 2007 abgerissen wurde.

5 Moskauer Stadtmuseum

Das Museum befand sich bis zu seiner Zerstörung durch die Kommunisten 1934 im Sucharov-Turm (17. Jh.). Die Sammlung mit Fotografien, alten Stadtplänen, Schmuck und anderen Exponaten wurde anschließend in ihr heutiges Domizil verlagert – eine Kirche aus dem 19. Jahrhundert.

Stadtplan N2 • Novaja ploščad 12 • (495) 624 8490 • U-Bahn: Lubjanka • Di, Do–Sa 10–18 Uhr; Mi, So 13–19 Uhr • Eintritt • www.mosmuseum.ru

6 Alte Englische Residenz

1553 kamen englische Kaufleute auf der Suche nach einer Nordpassage Richtung China bis Murmansk und fuhren von dort mit Schlitten 2000 Kilometer nach Moskau. Ivan der Schreckliche war beeindruckt und versessen darauf, Handel mit dem Westen zu treiben. Er gewährte den Engländern Handelsrechte und überließ ihnen das heute als Alte Englische Residenz bekannte Gebäude. Das Museum gewährt Einblicke in die damaligen diplomatischen Beziehungen zwischen England und Russland.

Stadtplan N3 • Ulica Varvarka 4a • (495) 698 3952 • U-Bahn: Kitaj Gorod • Di, Do, Sa, So 10–18 Uhr, Mi, Fr 11–19 Uhr • Eintritt • www.mosmuseum.ru

7 Archäologisches Museum

Das unterirdische Museum steht auf den Fundamenten der Voskresenki-Brücke aus dem 16. Jahrhundert. Man betritt es über einen Durchgang mit Glasdach gegenüber dem Auferstehungstor. Zu sehen sind Keramikfliesen und Silbemünzen aus Ausgrabungen. *Stadtplan M3 • Manežnaja ploščad 1a • (495) 692 4147 • U-Bahn: Teatralnaja • Di–So 10–18 Uhr • Eintritt • www.mosmuseum.ru*

8 Choral-Synagoge

Der vom Bankier Lazar Poljakov finanzierte Bau der Synagoge begann 1887, wurde aber abgebrochen, als Moskaus Stadthalter 1891 die Vertreibung aller Juden anordnete. Erst 1906 wurde die Synagoge fertig und wird seitdem von der jüdischen Gemeinde genutzt. *Stadtplan P3 • Bolšoj Spasogliniščevski pereulok 10 • U-Bahn: Kitaj Gorod • Mo–Fr 10–18 Uhr*

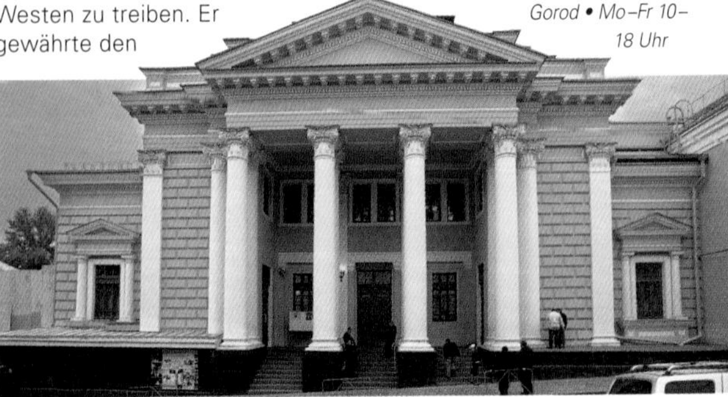

Eingangsportal der Choral-Synagoge

Heute leben in Moskau etwa 200 000 Juden.

Im Palast der Bojaren Romanov

9 Palast der Bojaren Romanov

Hier lebte die Familie Romanov, bis sie in den Kreml umzog, als Michael (1596–1645) 1613 zum ersten Romanov-Zaren gekrönt wurde. Bis in die 1850er Jahre wurde der Palast vernachlässigt, dann renovierte Nikolaus I. (1796–1855) ihn und eröffnete dort ein Museum. Im Erdgeschoss liegen die prachtvoll eingerichteten Herrenzimmer, während die Frauen im Obergeschoss stickten und webten.

Stadtplan N3 • Ulica Varvarka 10 • (495) 298 3706 • U-Bahn: Kitaj Gorod • Mi 11–19 Uhr, Do–Mo 10–18 Uhr • Eintritt

10 Polytechnisches Museum

Dies ist eines der spannendsten Museen Moskaus. Seine faszinierenden Exponate sind über vier geräumige Etagen eines imposanten Gebäudes aus dem 19. Jahrhundert verteilt. Im Keller befindet sich eine wunderbare Oldtimer- sowie eine Fahrrad- und Motorradsammlung – mit einem Penny Farthing und einem seltenen Triumph N Motorrad von 1915. In den oberen Stockwerken sind weitere Ausstellungen.

Stadtplan N2 • Novaja ploščad 3/4 • (495) 624 7356 • U-Bahn: Lubjanka • Di, Do, Sa, So 10–18 Uhr; Mi, Fr 11–19 Uhr • Eintritt • www.polymus.ru

Ein Tag in Kitaj Gorod

Vormittag

Von der U-Bahn-Station Kitaj Gorod folgt man den Schildern zum Slavjanski ploščad. Draußen gehen Sie auf die kleinen grünen Kuppeln der **Georgskirche** auf der linken Seite der **Ulica Varvarka** *(siehe S. 69) zu.* Von hier geht es zur Ipatevski pereulok und rechts zur beeindruckenden **Dreifaltigkeitskirche von Nikitniki** *(siehe S. 69)* in der Nikitnikov pereulok. Wieder an der Georgskirche vorbei geht es westlich zum **Palast der Bojaren Romanov**. Dort erhalten Sie Einblicke in das Adelsleben im Mittelalter. Gehen Sie nun weiter zur **Alten Englischen Residenz** und zum Roten Platz am Ende der Ulica Varvarka. Gegenüber steht das Einkaufszentrum **Gostinyj Dvor** *(siehe S. 53)*. Im Amsterdam Café kann man gut zu Mittag essen.

Nachmittag

Gehen Sie von Gostinyj Dvor östlich vom Kreml weg in die Ulica Ilinka, und biegen Sie links auf den Novaja ploščad, wo Sie das riesige **Polytechnische Museum** oder das kleinere **Moskauer Stadtmuseum** gegenüber besuchen können. Gehen Sie die Straße hinauf zum Lubjanka ploščad, wo sich das berüchtigte ehemalige KGB-Hauptquartier befindet. Das **Majakovski-Museum** *(siehe S. 69)* ist um die Ecke in der Lubjanski proezd. Der gut sortierte Buchladen **Biblio Globus** steht an der Ecke zur Ulica Majasnitskaja. Zu Abend essen können Sie etwa im **GlavPivTorg** *(siehe S. 73)* an der Ecke Ulica Bolšaja Lubjanka oder im schicken **Dissident** *(siehe S. 73)*.

Beachten Sie im Polytechnischen Museum das »Radiogrammofon«, das Stalin 1950 von lettischen Arbeitern bekam.

Links **Ludi Kak Ludi** Mitte **Jao-Da** Rechts **Straßencafé, Kitaj Gorod**

TOP 10 Cafés & Bars

1 Coffee House

Das amerikanisch gestylte Café serviert Kaffee, Kuchen und Snacks. *Stadtplan N3 • Ulica Ilinka 13/19 • (495) 221 8381 • U-Bahn: Ploščad Revoljucii • 24 h.*

2 Discreet Charm of the Bourgeoisie

Die abgefahrene Bar besticht mit günstigen Speisen und spielt am Wochenende Disco. *Stadtplan P1 • Ulica Bolšaja Lubjanka 24 • (495) 623 0848 • U-Bahn: Lubjanka • 24 h*

3 Ludi Kak Ludi

Das kleine Café serviert russische *pirogi* (Klöße), verschiedene Säfte und Cocktails. *Stadtplan P3 • Soljanski Tupik 1/4 • U-Bahn: Kitaj Gorod • Mo–Mi, So 8–23 Uhr; Do 8–3 Uhr; Fr 8–6 Uhr, Sa 11–6 Uhr*

4 Vogue Café

Stilvolles Café mit moderner europäischer Speisekarte und modischer Klientel. *Stadtplan M2 • Kuznecki Most 7/9 • (495) 623 1701 • U-Bahn: Kuznecki Most • 24 h*

5 Che

Das Che ist eher Bar mit Club als Café. Gespielt wird Latin-Music. *Stadtplan N2 • Ulica Nikolosjaka 10/2 • (495) 621 7477 • U-Bahn: Lubjanka • 24 h*

6 Šokoladnica

Das zu einer Kette gehörende Café serviert herzhafte und süße Pfannkuchen und Kuchen. *Stadtplan P2 • Ulica Marosejka 3 • (495) 624 0779 • U-Bahn: Kitaj Gorod • 24 h*

7 Jagannath

Das Café im Jagannath bietet Tee und fantastische vegetarisch-indische Küche. *Stadtplan N2 • Kuznecki Most 11 • (495) 628 3580 • U-Bahn: Kuznecki Most • 10–23 Uhr*

8 Lilienthal

Die stylische Bar zieht ein ebensolches Publikum an. Der russische Cidre ist sehr empfehlenswert. *Stadtplan N1 • Ulica Roždestvenka 12/1 • U-Bahn: Kuznecki Most • 12–18 Uhr*

9 Jao-Da

Zu alternativer und Ethnomusik serviert das Jao-Da europäische Gerichte und diverse Tees. *Stadtplan P3 • Lubjanski proezd 25 • (495) 623 2896 • U-Bahn: Kitaj Gorod • 24 h • Eintritt (bei Konzerten)*

10 Loft

Hauptattraktion des trendigen Cafés ist die Aussicht von der Terrasse im sechsten Stock auf die Umgebung. *Stadtplan N2 • Nautilus Shopping Mall, Lubjanski proezd 25 • (495) 933 7713 • U-Bahn: Lubjanka • 9–24 Uhr*

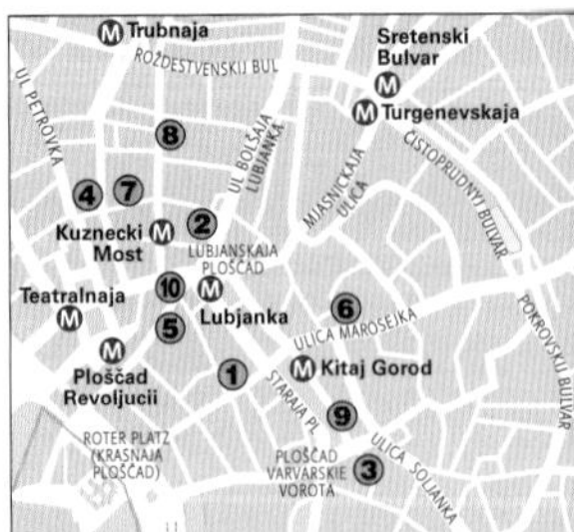

Details zu Events im Jao-Da **www.jao-da.ru**

Nostalgie Art Club

Preiskategorien

Die Preise gelten für ein Drei-Gänge-Menü pro Person inklusive einer halben Flasche Hauswein.

R	unter 800 Rub
RR	800–1500 Rub
RRR	1500–2000 Rub
RRRR	2000–2500 Rub
RRRRR	über 2500 Rub

TOP 10 Restaurants

1 Annuška

Charmantes Barrestaurant in einer alten Tram, die am Wochenende Runden im Čistye-Prudy-Park dreht. *Stadtplan Q1 • Čistye-Prudy-Tramllnie • U-Bahn: Čistye Prudy • RR*

2 Nostalgie Art Club

Das Restaurant im Pariser Stil bietet französische Cuisine und über 600 Weine. *Stadtplan Q2 • Čistoprudnyj bulvar 12a • (495) 916 9478 • U-Bahn: Čistye Prudy • RRRR*

3 GlavPivTorg

GlavPivTorg bietet russische Speisen und Wodkas in heimeligem Ambiente. *Stadtplan N1 • Ulica Bolšaja Lubjanka 5 • (495) 928 2591 • U-Bahn: Kuznecki Most • RRRR*

4 Expedition

Rentier und Pinguin stehen auf der sibirischen Speisekarte dieses auf arktisches Flair getrimmten Restaurants. *Stadtplan Q3 • Pevčeski pereulok 6 • (495) 775 6075 • U-Bahn: Kitaj Gorod • RRRRR*

5 Savoy

Das luxuriöse Savoy spricht seit 1913 die Moskauer Elite an *(siehe S. 58)*. *Stadtplan N2 • Ulica Roždestvenka 3 • (495) 929 8600 • U-Bahn: Kuznecki Most • RRRRR*

6 Dissident

Das kleine Lokal ist auf europäische Küche, gute Weine und französischen Käse spezialisiert. *Stadtplan N2 • Nautilus Shopping Mall, Lubjanski proezd 25 • (495) 230 5848 • U-Bahn: Lubjanka • RRRR*

7 Noev Kovčeg

Zu den armenischen Gerichten der »Arche Noah« genießt man armenischen Branntwein *(siehe S. 59)*. *Stadtplan Q3 • Malyj Ivanovski pereulok 9 • (495) 917 0717 • U-Bahn: Kitaj Gorod • RRRRR*

8 Uzbekistan

Orientalisches Dekor, Bauchtanz, usbekische, arabische und chinesische Küche sorgen für einen schönen Abend *(siehe S. 59)*. *Stadtplan N1 • Ulica Neglinnaja 29 • (495) 623 0585 • U-Bahn: Trubnaja • RRRRR*

9 Bojarski

Das Bojarski gleicht einer Kirche und ist auf traditionell russische Gerichte wie gefüllte Wachteln spezialisiert. *Stadtplan N2 • Metropol, Teatralnyj proezd 1/4 • (495) 270 1063 • U-Bahn: Teatralnaja • RRRRR*

10 Maharaja

Das Maharaja serviert Indisches in gediegenem Ambiente. *Stadtplan Q2 • Ulica Pokrovka 2/1 • (495) 621 9844 • U-Bahn: Kitaj Gorod • RRR*

Probieren Sie unbedingt das Mittagsmenü im Nostalgie Art Club für 700 Rubel.

Links **Melnikov-Haus** Rechts **Tolstoj-Museum**

Arbatskaja

DIE VOM ZENTRUM AUS WESTWÄRTS *verlaufenden Ulicas Arbat und Prečistenka sind zwei der ältesten Straßen Moskaus. Beide werden von Villen aus dem 19. Jahrhundert gesäumt, die nach dem Großbrand während der Invasion Napoléons 1812 gebaut wurden. Das Viertel kam in Mode, wohlhabende Aristokraten zogen hierher, ebenso wie Künstler, Musiker und Schriftsteller, die die Cafés und Bars der Ulica Arbat bevölkerten. Nach dem Bau der sechsspurigen Novyj Arbat in den 1960er Jahren verlor die Ulica Arbat an Bedeutung und wurde vernachlässigt. Erst die Umwandlung in eine Fußgängerzone in den 1980er Jahren erweckte die Straße zu neuem Leben. Heute befinden sich hier viele bedeutende Museen, Galerien und Kirchen sowie Läden, Restaurants, Clubs und Bars.*

Die belebte Fußgängerzone Ulica Arbat

TOP 10 Attraktionen

1. **Ulica Arbat**
2. **Glazunov-Galerie**
3. **Puškin-Museum der bildenden Künste**
4. **Erlöserkathedrale**
5. **Skrjabin-Museum**
6. **Cereteli-Galerie**
7. **Tolstoj-Literaturmuseum**
8. **Puškin-Haus**
9. **Melnikov-Haus**
10. **Außenministerium**

Kunstmuseen **siehe S. 38f**

1 Ulica Arbat

Seit sie zur Fußgängerzone umgestaltet wurde, ist die Ulica Arbat eine belebte Attraktion mit vielen Porträtmalern, Straßenmusikern und Souvenirständen. Sie wird von mehreren Museen gesäumt, außerdem flankieren Statuen des Dichters Alexandr Puškin und seiner Frau sowie eine Bronzedarstellung von Bulat Okudžava (1924–1997) die Straße. Der legendäre Dichter und Folkloresänger verewigte die Straße im Lied *Mein Arbat.*
Stadtplan K4 • U-Bahn: Arbatskaja

2 Glazunov-Galerie

Auf zwei Etagen einer Villa aus dem 19. Jahrhundert sind 3000 Gemälde von Ilja Glazunov (*1930) zu sehen, einem produktiven Künstler, der auch Rektor der Russischen Akademie für Malerei, Bildhauerei und Architektur war. Zu sehen sind Werke wie *Verfall* (2001), das einen betrunkenen Akkordeonspieler im blutroten Sonnenlicht zeigt, und *Das Große Experiment* (1990) mit der Darstellung ehemaliger und aktueller politischer Führer, die zusehen wie Moskau brennt. *Stadtplan L5 • Ulica Volchonka 13 • (495) 291 6949 • U-Bahn: Kropotkinskaja • Di–So 11–19 Uhr • Eintritt • www.glazunov.ru*

3 Puškin-Museum der bildenden Künste

Das Puškin-Museum besitzt nicht nur eine der wichtigsten Sammlungen europäischer Kunst, sondern auch altägyptische Kunst und mehrere Säle voller Gipsabgüsse von Skulpturen aus Antike und Renaissance. Die erlesene Sammlung impressionistischer, postimpressionistischer sowie klassisch moderner Gemälde umfasst Werke Picassos und Matisse', die man in der angrenzenden Galerie für Europäische und Amerikanische Kunst des 19.–20. Jahrhunderts sehen kann *(siehe S. 16f).*

4 Erlöserkathedrale

Anlässlich der Niederschlagung der Invasion französischer Truppen unter Napoléon 1812 gab Zar Alexander I. den Bau von Russlands größter orthodoxer Kathedrale in Auftrag. Sie wurde vom russischen Architekten Konstantin Ton (1794–1881) entworfen und 1860 fertiggestellt, aber 1931 abgerissen, um Platz für den Sowjetpalast zu schaffen. Dieser Plan wurde später verworfen. Stattdessen wurde 1960 hier das weltweit größte Freibad gebaut. Nach dem Ende des Kommunismus begann 1991 eine Spendenaktion für den Wiederaufbau der Kathedrale. Dieser Nachbau wurde im Jahr 2000 fertiggestellt. *Stadtplan L5 • Ulica Volchonka 15 • U-Bahn: Kropotkinskaja • 10–17 Uhr • www.xxc.ru*

Fassade der Erlöserkathedrale

Für den Besuch der Galerie für Europäische und Amerikanische Kunst im Puškin-Museums muss man ein weiteres Ticket lösen.

5 Skrjabin-Museum

In dieser kleinen Villa verbrachte der Komponist Alexandr Skrjabin (1872–1915) seine letzten drei Lebensjahre. 1922 wurde hier ein staatliches Museum eingerichtet. Zu sehen ist u. a. der geniale Farblicht-Projektor, den Skrjabin für seine *Prometheus*-Symphonie erfand. Das Museum veranstaltet regelmäßig Konzerte, bei denen der Bechstein-Flügel zu hören ist.

Stadtplan J4 • Bolšoj Nikolopeskovski pereulok 11 • (495) 241 1901 • U-Bahn: Smolenskaja • Mi, Fr 12–18 Uhr; Do, Sa, So 12–16 Uhr • Eintritt

Skrjabin-Museum

6 Cereteli-Galerie

2001 eröffnete die Galerie in einer riesigen Villa aus dem 19. Jahrhundert. Sie zeigt Werke von Moskaus umstrittenem Künstler Zurab Cereteli *(*1934)*. Besonders beeindruckend ist dessen *Gut besiegt Böse* – ein Bronzeapfel, den man betreten kann. Innen ist die Geschichte menschlicher Leidenschaft seit dem Sündenfall dargestellt.

Stadtplan K6 • Ulica Prečistenka 19 • (495) 637 7679 • U-Bahn: Park Kultury • Di–So 12–20 Uhr • Eintritt

***Kaukasisches Thema*, Cereteli-Galerie**

Bulat Okudžava (1924–1997)

Der Dichter, Sänger und Romancier Bulat Okudžava wurde mit der illegalen Verbreitung seiner Lieder in der Sowjetzeit zur lebenden Legende. Berühmt sind seine Liedtexte im russischen Filmklassiker *Weiße Wüstensonne* (1969). Obwohl er das Regime nie offen kritisierte, wurde seine Musik nie offiziell anerkannt.

7 Tolstoj-Literaturmuseum

Das Museum wurde 1911, ein Jahr nach dem Tod des Schriftstellers von der Tolstoj-Gesellschaft eröffnet. Es liegt in einer klassischen Villa, die Afanasi Grigoriev 1817 errichtete. Die vornehmen Räume sind mit Manuskripten, Erstdrucken, Fotos und persönlichen Gegenständen Tolstojs bestückt. Die Sammlung umfasst die nur in Russisch erhältliche Ausgabe von Tolstojs gesammelten Werke in 90 Bänden.

Stadtplan K5 • Ulica Prečistenka 11 • (495) 202 2190 • U-Bahn: Kropotkinskaja • Di–So 11–18 Uhr • Eintritt • www.tolstoymuseum.ru

8 Puškin-Haus

Puškin wohnte nach seiner Heirat 1831 mit Natalia Gončarova kurz in der schönen blauen Villa. Sowohl sein Junggesellenabschied, als auch die Hochzeits-

Das Tolstoj-Museum zeigt einen 20-minütigen Film mit seltenen Aufnahmen von Tolstoj und seiner Familie in ihrem Sommersitz.

Puškin-Haus

feier fanden dort statt. Nie war Puškin glücklicher als hier; nach dem Umzug nach St. Petersburg kam es zum tödlichen Duell mit dem vermeintlichen Liebhaber seiner Frau. Das Museum wurde 1986 eröffnet und präsentiert Porträts, Manuskripte und Möbel aus dem Besitz des Ehepaars.
Stadtplan J4 • Ulica Arbat 53 • (495) 241 4212 • U-Bahn: Smolenskaja • Mi–So 10–18 Uhr • Eintritt

9 Melnikov-Haus

Dieses Gebäude gilt als eines der originellsten des 20. Jahrhunderts. Gebaut hat es der sowjetische Architekt Konstantin Melnikov zwischen 1927 und 1929 als sein Wohnhaus und Atelier. Derzeit kann es nicht besichtigt werden. Es gibt aber Pläne, es in ein Museum umzuwandeln. *Stadtplan J4 • Krivoarbatski pereulok 10 • U-Bahn: Smolenskaja • www.melnikovhouse.ru*

10 Außenministerium

Eine der großartigen »Sieben Schwestern« Moskaus *(siehe S. 46f)* ist das 172 Meter hohe Außenministerium, ein typisches Beispiel für den stalinistischen Zuckerbäckerstil. Es entstand von 1948 bis 1953 und überragt seine Umgebung eindrucksvoll. Ursprünglich hatte es ein Flachdach, auf Wunsch Stalins versah man es mit einem Spitzturm.
Stadtplan J5 • Smolenskaja-Sennaja Ploščad 32–34 • U-Bahn: Smolenskaja

Ein Tag in Arbatskaja

Vormittag

In der U-Bahnstation Kropotkinskaja *(siehe S. 24)* können Sie zunächst das Interieur bestaunen. Verlassen Sie den Bahnhof und gehen Sie südwärts zur **Erlöserkathedrale** *(siehe S. 75)*. Mit dem Fahrstuhl gelangen Sie auf das Dach, von dessen Glasgalerien aus man herrliche Ausblicke auf die Stadt hat. Danach machen Sie kurz Station im Restaurant neben der U-Bahn-Station Kropotkinskaja und genehmigen sich einen Kaffee, bevor es ins **Puškin-Museum der bildenden Künste** *(siehe S. 75)* geht. An Wochenenden und Feiertagen sind die Warteschlangen lang. Sie können auch die kleinere **Glazunov-Galerie** *(siehe S. 75)* besuchen. Dann geht es zum Mittagessen und Cocktail in die **Wall Street Bar** *(siehe S. 78)* und danach per Metro nach Smolenskaja.

Nachmittag

Beachten Sie das Motto der Station: Russische Militärtriumphe. Gehen Sie dann unterhalb des imposanten **Außenministeriums** hinaus. Dahinter stehen zwei Hotels aus der Sowjetzeit mit wunderbarer Neonbeleuchtung. Auf der **Ulica Arbat** geht es zum **Puškin-Haus**. Biegen Sie rechts ab zum **Melnikov-Haus**, einem faszinierendem Avantgarde-Bau. Zurück auf der Ulica Arbat können Sie sich porträtieren lassen oder Souvenirs besorgen. Abendessen gibt es im erhabenen Restaurant **Praga** *(siehe S. 79)* am Arbatskaja Ploščad oder im **Elki-Palki** auf der Novyj Arbat, wo traditionelle russische Kost serviert wird.

Cafés & Restaurants **siehe S. 58f, 67, 72f, 78f, 87, 93 & 99**

Links **Mu-Mu** Mitte **Uncle Sam's Café** Rechts **Hard Rock Café**

TOP 10 Bars & Cafés

1 Mu-Mu

Das beliebte Selbstbedienungs-Café Mu-Mu serviert russische Salate und Snacks in angenehmer Umgebung. *Stadtplan K4 • Ulica Arbat 45/23 • (495) 241 1364 • U-Bahn: Smolenskaja • 10–23 Uhr*

2 Japoša

Das zu einer beliebten japanischen Kette gehörende Japoša bietet Sushi sowie preiswerte Mittagsmenüs. *Stadtplan K4 • Ulica Arbat 31 • (499) 241 0886 • U-Bahn: Smolenskaja • 11–23 Uhr*

3 Sports Bar

Moderne Bar mit großen Bildschirmen und Sportobjekten. *Stadtplan K3 • Ulica Novyj Arbat 10 • (495) 690 4311 • U-Bahn: Arbatskaja • 11–5 Uhr*

4 Jolki-Palki

Die traditionelle russische Kneipe ist mit ausgestopften Hühnern, Weinreben aus Plastik und riesigen Salatbars eingerichtet. *Stadtplan K3 • Ulica Novyj Arbat 11 • (495) 291 6888 • U-Bahn: Arbatskaja • 11–23 Uhr*

5 Uncle Sam's Café

Café im amerikanischen Stil mit Cocktails und Marilyn-Monroe-Plakaten an der Wand. *Stadtplan K4 • Ulica Arbat 23 • (495) 697 5695 • U-Bahn: Arbatskaja • 12–5.30 Uhr*

6 Hard Rock Café

Das Hard Rock Café liegt in einer alten Villa und ist in üblicher Weise eingerichtet. *Stadtplan J4 • Ulica Arbat 44 • (495) 241 4342 • U-Bahn: Smolenskaja • Mo–Do 9–24 Uhr, Fr–So 9–4 Uhr*

7 Gogol Mogol

Gogol Mogol ist ein Pariser Café mit exquisiten Desserts und Snacks. *Stadtplan K5 • Gagarinski pereulok 6 • (495) 695 1131 • U-Bahn: Kropotkinskaja • 10–23 Uhr*

8 Tinkoff

Modernes Pub-Restaurant mit selbst gebrautem Bier. *Stadtplan D4 • Protočnyj pereulok 11 • (495) 777 3300 • U-Bahn: Kuznecki Most • 12–2 Uhr*

9 Wall Street Bar

Gehobene Bar mit besten Cocktails. Die DJs sind eine zusätzliche Attraktion. *Stadtplan L4 • Ulica Volchonka 9/1 • (495) 916 5731 • U-Bahn: Kropotkinskaja • 11–2 Uhr*

10 Plotnikov Pub

Das Plotnikov bietet Whiskeys sowie irisches und deutsches Bier. *Stadtplan J4 • Plotnikov pereulok 22/16 • (495) 241 8799 • U-Bahn: Smolenskaja • 11–23 Uhr*

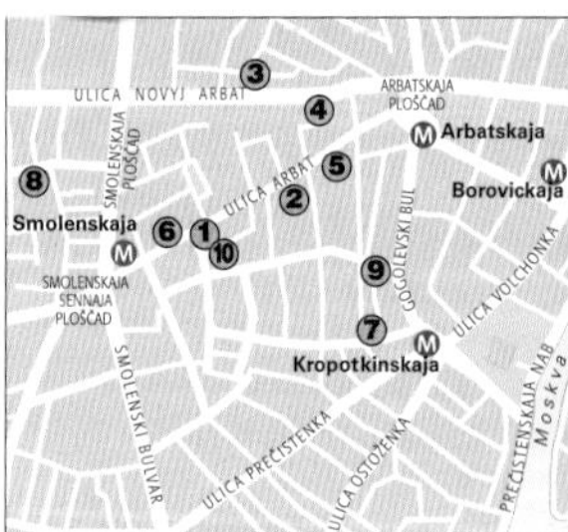

Das Jolki-Palki gehört zu einer äußerst erfolgreichen Kette des Moskauer Star-Gastronomen Arkadi Novikov.

Außenansicht des schicken Kupol

Preiskategorien

Die Preise gelten für ein Drei-Gänge-Menü pro Person inklusive einer halben Flasche Hauswein.

R	unter 800 Rub
RR	800–1500 Rub
RRR	1500–2000 Rub
RRRR	2000–2500 Rub
RRRRR	über 2500 Rub

Top 10 Restaurants

1 Kupol

Das Kupol ist ultra-stylisch, hat ein Glasdach und serviert interessante Gerichte wie Spargelsuppe mit Trüffeleis und süß glasiertes Thunfischsteak. *Stadtplan C3 • Novyj Arbat 36 • (495) 690 7373 • U-Bahn: Arbatskaja • RRRRR*

2 Praga

Das historische Restaurant ist berühmt für vornehme Küche und prachtvolles Dekor *Stadtplan K3 • Ulica Arbat 2/1 • (495) 690 6171 • U-Bahn: Arbatskaja • RRRRR*

3 Cantinetta Antinori

Exklusives Restaurant mit dem besten Weinangebot der Stadt. *Stadtplan J5 • Denežnyj pereulok 20 • (499) 241 3325 • U-Bahn: Smolenskaja • RRRRR*

4 Genacvale na Arbat

Das authentisch georgische Restaurant kocht wunderbar und spielt georgische Live-Musik. *Stadtplan K3 • Novyj Arbat 11/2 • (495) 203 9453 • U-Bahn: Arbatskaja • RRRRR*

5 Vostočnyj Kvartal

Das stimmungsvolle usbekische Restaurant ist holzvertäfelt und orientalisch eingerichtet und serviert herrliche Speisen. *Stadtplan J4 • Ulica Arbat 45/24 • (499) 241 3803 • U-Bahn: Smolenskaja • RRRRR*

6 Kiš-Miš

Das im Stil eines traditionell-usbekischen Hauses gestaltete Kiš-Miš bietet typisch usbekische Gerichte wie mariniertes Lamm und frisches Sesambrot. *Stadtplan K4 • Novyj Arbat 28/2 • (495) 291 2010 • U-Bahn: Smolenskaja • RRR*

7 Grand Imperial

Das Restaurant kredenzt internationale Kochkunst in prachtvollem Ambiente. *Stadtplan K5 • Gagarinskij pereulok 9/6 • (495) 291 6063 • U-Bahn: Kropotkinskaja • RRRRR*

8 San Marco

Die internationale Speisekarte umfasst u. a. Hase mit Kürbis und Ente mit Cranberrysauce. *Stadtplan K4 • Ulica Arbat 25 • (495) 291 7089 • U-Bahn: Arbatskaja • RRRRR*

9 5-Spice

Dies ist eines der besten Chinarestaurants der Stadt. Es serviert Kanton-Küche. *Stadtplan K4 • Sivtev Vražek pereulok 3/18 • (495) 203 1283 • U-Bahn: Kropotkinskaja • R*

10 Tiflis

Perfekter Service und superbe georgische Küche *(siehe S. 58)*. *Stadtplan K6 • Ulica Ostoženka 32 • (499) 766 9728 • U-Bahn: Kropotkinskaja • RRRR*

Das Tiflis verfügt über eine lauschige Terrasse mit Tischen unter Weinreben.

Links **Ikonostase im Hohen St.-Peter-Kloster** Rechts **Čechov-Museum**

Tverskaja

DAS BELEBTE VIERTEL *ist nach der Ulica Tverskaja benannt. Die geschichtsträchtige Straße wurde von königlichen Prozessionen auf dem Weg vom Kreml in die einst mächtige Stadt Tver benutzt. Schon seit langer Zeit ist Tverskaja ein blühendes Handelsviertel und angesagtes Wohnquartier. Obwohl es als eines der wenigen Viertel von dem Großbrand 1812 verschont blieb, wurden die Holzbauten Ende des 19. Jahrhunderts durch elegante Wohnblöcke und Villen ersetzt, die heute Seite an Seite mit gesichtslosen Betonburgen mit Wohnungen und Büroetagen aus der Sowjetzeit stehen.*

TOP 10 Attraktionen

1. Bolšoj-Theater
2. Museum für moderne Kunst
3. Museum für moderne Geschichte
4. Moskauer Künstlertheater
5. Sanduny-Badehaus
6. Hohes St.-Peter-Kloster
7. Gulag-Museum
8. Bulgakov-Museum
9. Čechov-Museum
10. Gorki-Museum

Das prachtvolle Bolšoj-Theater

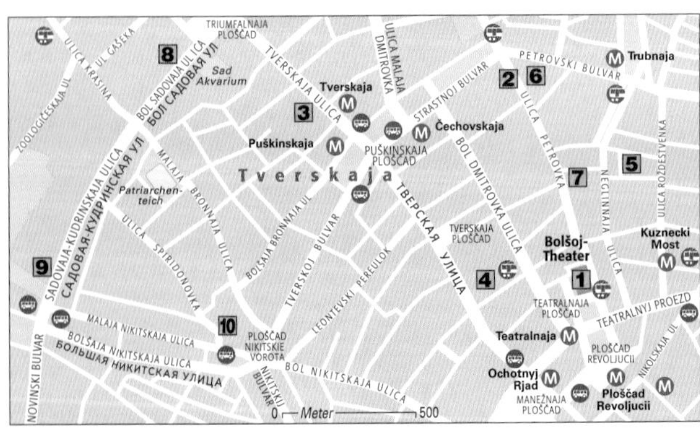

Vorhergehende Doppelseite **Die Ulica Arbat im Winter**

1 Bolšoj-Theater

Das Bolšoj ist eines der bekanntesten Wahrzeichen der Stadt. Bis 2011 wird es umfassend renoviert. In dieser Zeit sind Oper und Ballett im benachbarten Neuen Bolšoj-Theater mit Klassikern wie *Don Quixote* und *Eugen Onegin* sowie neuen Produktionen zu sehen *(siehe S. 18f).*

2 Museum für moderne Kunst

Der Großteil dieser Sammlung moderner russischer Kunst gehört Zurab Cereteli, dem erfolgreichen Künstler und Direktor der Akademie der Künste. Er eröffnete dieses Museum mit Unterstützung von Juri Lužkov, dem Bürgermeister von Moskau. Es befindet sich in einem im 18. Jahrhundert von Matvej Kazakov entworfenen Bau. Die Galerie zeigt Werke von Pablo Picasso und Joan Miro sowie von Vertretern der russischen Moderne, darunter Kazimir Malevič und Vasili Kandinski. *Stadtplan M1 • Ulica Petrovka 25 • (495) 694 2890 • U-Bahn: Čechovskaja • 12–20 Uhr • Eintritt (Mo–Mi frei) • www.mmoma.ru*

3 Museum für moderne Geschichte

Die Sammlung deckt die Landesgeschichte vom frühen 19. Jahrhundert bis heute ab. Sie ist in den extravaganten Sälen einer Villa untergebracht, die einst als der English Club bekannt war, eine Art Schickeria-Treff für Ausländer im vorrevolutionären Moskau. Unter den Exponaten sind Militärgerät aus dem Russisch-Japanischen Krieg von 1904/05 sowie Waffen, die bei den Straßenkämpfen der Russischen Revolution 1905 benutzt wurden. Die Ausstellung kulminiert in einer stolzen Parade der jüngsten industriellen Errungenschaften des Landes. *Stadtplan L1 • Ulica Tverskaja 21 • (495) 699 6724 • U-Bahn: Tverskaja • Di, Mi, Fr 10–18 Uhr; Do, Sa 11–19 Uhr • Eintritt • www.sovr.ru*

4 Moskauer Künstlertheater

Das 1898 vom berühmten Theaterreformer Konstantin Stanislavski (1863–1938) und vom Schriftsteller Vladimir Nemirovič Dančenko (1858–1943) gegründete Moskauer Künstlertheater reüssierte mit Aufführungen von Maxim Gorkis frühen Theaterstücken und mit Anton Čechovs Bühnenstück *Die Möwe*. Heute bietet das Theater ein breites Repertoire an russischen und internationalen Stücken. Das Theatermuseum im Obergeschoss zeigt Kostüme und Requisiten aus Produktionen des 20. Jahrhunderts. *Stadtplan M2 • Kamergerski pereulok 3 • (495) 629 8760 • U-Bahn: Teatralnaja, Ochotnyj Rjad • 11–19 Uhr (Kartenvorverkaufsschalter) • Eintritt • www.art.theatre.ru*

Imposante Fassade des Moskauer Künstlertheaters

 *Läden & Märkte* **siehe S. 52f**

Wartehalle des luxuriösen Sanduny-Badehauses

5 Sanduny-Badehaus

Moskaus berühmtestes Badehaus wurde 1896 gebaut. Das schön restaurierte Interieur besitzt italienische Marmorsäulen, Kronleuchter, Buntglasfenster und klassische Skulpturen. Das Bad ist bis heute in Betrieb. *Stadtplan N1 • Ulica Neglinnaja 14/3–7 • (495) 625 4631 • U-Bahn: Trubnaja • 8–22 Uhr • Eintritt • www.sanduny.ru*

6 Hohes St.-Peter-Kloster

Das Ende des 14. Jahrhunderts gegründete Kloster war einst Teil der äußeren Wehranlagen Moskaus. Verborgen hinter hohen Mauern liegen Gärten und mehrere hübsche Kirchen, von denen die Kirche des Metropoliten Peter die älteste ist. Sie wurde 1517 vom italienischen Architekten Alvesio Lamberti gebaut und hat nur eine Kuppel. Vor kurzer Zeit wurden die Original-Fresken restauriert, ebenso die der Refektoriumskirche aus dem 17. Jahrhundert. *Stadtplan M1 • Ecke Ulica Petrovka/Petrovski bulvar • U-Bahn: Čechovskaja • 8–20 Uhr*

Das alte Tver

Die mittelalterliche Zitadelle Tver lag 170 Kilometer nordwestlich von Moskau und stellte die Hauptstadt im 14. Jahrhundert in den Schatten. Nach mehreren Niederlagen verlor Tver jedoch an Bedeutung. 1941 brannten Nazi-Truppen den Ort nieder. Tver wurde zwar wieder aufgebaut, besitzt aber keinerlei sichtbare Übereste seiner glorreichen Vergangenheit.

7 Gulag-Museum

Das Museum mit seiner winzigen Ausstellung erinnert an die etwa 20 Millionen Bürger, die in der Sowjetzeit aus politischen Gründen inhaftiert oder hingerichtet wurden. Im Erdgeschoss ist ein simuliertes Barackenlager, während im ersten Stock Kunstwerke von Gulag-Überlebenden, Fotos, Zeitungsausschnitte und eine Karte mit den Standorten der über 500 russischen Gulags zu sehen sind. *Stadtplan M1 • Ulica Petrovka 16 • (495) 621 7346 • U-Bahn: Ochotnyj Rjad • Di–Sa 11–16 Uhr • Eintritt • www.museum-gulag.narod.ru*

8 Bulgakov-Museum

Die ehemalige Wohnung des gefeierten russischen Schriftstellers Michail Bulgakov (1891–1940) war längst Pilgerstätte seiner Verehrer, als man dort das Museum einrichtete. Bulgakov wohnte dort von 1921 bis 1924 und schrieb dort seinen Roman *Der Meister und Margarita*. Die Apartmentnummer 50 (seine eigene) ist darin Wohnsitz des Teufels. Das Museum zeigt persönliche Gegenstände, Fotos und Manuskripte. *Stadtplan K1 • Ulica Bolšaja Sadovaja 10, Apt. 50 • (495) 699 5366 • U-Bahn: Majakovskaja • So–Do 13–23 Uhr, Fr, Sa 13–1 Uhr • Eintritt*

Das Bulgakov-Museum veranstaltet regelmäßig Lesungen sowie geführte Rundgänge durch das Viertel.

9 Čechov-Haus

Anton Čechov (1860–1904) wohnte zwar nur zwischen 1886 und 1890 in diesem bescheidenen Haus, soll aber einige seiner besten Werke hier verfassst haben. Trotz früher Erfolge als Schriftsteller arbeitete er weiterhin als Arzt. Seine Praxisräume sind im Museum zu sehen. Außerdem sind einige Erstausgaben seiner Bücher sowie diverse Theaterplakate mit Ankündigungen der Aufführungen seiner Stücke im Moskauer Künstlertheater ausgestellt. *Stadtplan J2 • Ulica Sadovaja-Kudrinskaja 6 • (495) 691 6154 • U-Bahn: Barrikadnaja • Di, Do, Sa, So 11–18 Uhr, Mi, Fr 14–21 Uhr*

10 Gorki-Museum

Das Gorki-Museum mit seiner prächtigen Jugendstilarchitektur war ein Geschenk Stalins an den Schriftsteller und sowjetischen Propaganda-Autor Maxim Gorki (1868–1936), als dieser 1931 in die Sowjetunion zurückkehrte. Gorkis Bibliothek, Briefe, Manuskripte und einige persönliche Gegenstände sind dort ausgestellt. *Stadtplan K2 • Ulica Malaja Nikitskaja 6/2 • (495) 690 0535 • U-Bahn: Tverskaja • Mi–So 11–18 Uhr*

Das Jugendstilgebäude des Gorki-Museums

Ein Tag im historischen Tverskaja

Vormittag

Los geht es an der U-Bahn-Station Ochotnyj Rjad. Gehen Sie die **Ulica Tverskaja** vom Kreml weg, vorbei am vornehmen **Le Royal Meridien National** *(siehe S. 116)*, in dem Lenin nach der Russischen Revolution wohnte. Rechts ist die **Duma**. Ein Stück weiter kommt Kamergerski pereulok, wo eine Čechov-Statue vor dem **Moskauer Künstlertheater** *(siehe S. 83)* steht. Besuchen Sie das Theatermuseum im ersten Stock. Auf der Ulica Tverskaja geht es weiter zum **Maki Café** auf dem Gliniščevski pereulok. Eine Tasse Kräutertee stärkt für den historischen **Delikatessenladen Jelisejevski** *(siehe S. 86)* in der Ulica Tverskaja. Ein Stück weiter steht das **Museum für moderne Geschichte** *(siehe S. 83)*. Dort gibt es ein Café in dem Sie zu Mittag essen können.

Nachmittag

Gehen Sie auf dem Strastnoj Bulvar am Puškinskaja Ploščad und Puškinski-Kino vorbei bis zum **Hohen St.-Peter-Kloster**. Das **Museum für moderne Kunst** *(siehe S. 83)* steht gegenüber. Dann schlendern Sie durch die **Ulica Petrovka** an trendigen Boutiquen und alten Villen vorbei. In der **Petrovski Pasaž** links finden Sie Boutiquen und ein Café. Gehen Sie entweder zur Ulica Petrovka zurück zum **Gulag-Museum** und dem **Bolšoj-Theater** *(siehe S. 83)* oder weiter durch die Petrovski Pasaž und biegen dann links in die Ulica Neglinnaja. Entspannen können Sie im nahe gelegenen **Sanduny-Badehaus**.

Maxim Gorki hieß eigentlich Alexej Maximovič Peškov und wuchs in ärmsten Verhältnissen auf.

Links **Laden in der Ulica Kuznecki Most** Mitte **Manež Mall** Rechts **Delikatessenladen Jelisejevski**

TOP 10 Shopping

1 Ulica Tverskaja

Als eine der Hauptgeschäftsadern der Stadt bietet die Ulica Tverskaja Einkaufszentren, Museen, Shops und Restaurants *(siehe S. 53)*. *Stadtplan L1 • U-Bahn: Tverskaja, Majakovskaja*

2 Ulica Petrovka

In dieser Straße beherbergen viele schöne Häuser aus dem 19. Jahrhundert heute schicke Boutiquen wie Fred Perry und Sergio Rossi *(siehe S. 52)*.
Stadtplan M1 • U-Bahn: Teatralnaja

3 Galereja Akter

Das Einkaufszentrum bietet Designerkleidung und Schmuck, der gehoben, aber nicht exklusiv ist. *Stadtplan L1 • Ulica Tverskaja 16 • U-Bahn: Tverskaja • 10–20 Uhr*

4 Petrovski Pasaž

Die Mall umfasst exklusive Boutiquen. *Stadtplan M1 • Ulica Petrovka • U-Bahn: Tverskaja • 11–20 Uhr*

5 Transylvania

Mit der großen Auswahl an CDs und DVDs ist dies die beste Adresse für Raritäten in Moskau. *Stadtplan L1 • Ulica Tverskaja 6/1, Gebäude 5 • (495) 629 8786 • U-Bahn: Majakovskaja • 11–21 Uhr*

6 Ulica Kuznecki Most

Die Straße wird von hübschen Bauten aus dem 19. Jahrhundert mit exklusiven Boutiquen von Versace, Cartier und Ferré gesäumt. *Stadtplan N2 • Ulica Kuznecki Most • U-Bahn: Kuznecki Most*

7 CUM

Dieses 1857 eröffnete große Warenhaus hat sieben Etagen voller Designerware *(siehe S. 53)*.
Stadtplan N2 • Ulica Petrovka 2 • U-Bahn: Teatralnaja • 10–22 Uhr • www.tsum.ru

8 Manež Mall

Im Manež findet man gängige Marken-Outlets sowie unten eine Kulinarik-Etage *(siehe S. 52)*.
Stadtplan M3 • Manežnaja Ploščad 1 • U-Bahn: Ochotnyj Rjad • 10–23 Uhr

9 Delikatessenladen Jelisejevski

Diese Markthalle stammt aus der Zeit um 1900, ihr Intereiur ist atemberaubend. *Stadtplan L1 • Ulica Tverskaja 14 • U-Bahn: Tverskaja • 10–20 Uhr*

10 Souvenirshop im Museum für moderne Geschichte

Der Museumsshop verkauft originale Sowjetandenken, darunter Militäraccessoires *(siehe S. 83)*.
Stadtplan L1 • Ulica Tverskaja 21 • U-Bahn: Tverskaja • Di–Sa 11–18 Uhr

Hotels in Moskau **siehe S. 112–117**

Café des Artistes

Preiskategorien

Die Preise gelten für ein Drei-Gänge-Menü pro Person inklusive einer halben Flasche Hauswein.

R	unter 800 Rub
RR	800–1500 Rub
RRR	1500–2000 Rub
RRRR	2000–2500 Rub
RRRRR	über 2500 Rub

TOP 10 Cafés und Restaurants

1 Café Puškin

Das elegante Café *(siehe S. 58)* tischt klassisch französische Cuisine auf. *Stadtplan L1 • Tverskoj bulvar 26a • (495) 629 5590 • U-Bahn: Puškinskaja • RRRRR*

2 Pavillon

Pavillon serviert exquisite Speisen in schönem Ambiente zu perfekter Aussicht auf den Patriarchenteich. *Stadtplan K1 • Bolšoj Patriarši pereulok • (495) 697 5110 • U-Bahn: Majakovskaja • RRRR*

3 Žan-Žak Café

Das zauberhafte Pariser Café bietet herrliche französische Speisen und Weine. *Stadtplan L3 • Nikitski bulvar 12 • (495) 690 3886 • U-Bahn: Arbatskaja • RRR*

4 Nedalni Vostok

Die asiatisch-russische Fusionküche des Spitzenkochs Arkadi Novikov vereint *pelmeni* (gefüllte Klöße) mit japanischen Muscheln. *Stadtplan L2 • Ulica Tverskoj bulvar 15/2 • (495) 694 0641 • U-Bahn: Puškinskaja • RRRRR*

5 Café des Artistes

Das elegante Café-Restaurant serviert feinste Speisen und fungiert außerdem als Kunstgalerie. *Stadtplan M2 • Kamergski pereulok 5/6 • (495) 692 4042 • U-Bahn: Ochotnyj Rjad • RRRRR*

6 Donna Klara

Beliebtes französisches Café, das wunderbaren Kaffee und köstliches Gebäck, Süßes und Kuchen serviert. *Stadtplan K1 • Ulica Malaja Bronnaja 21/13 • (495) 290 3848 • U-Bahn: Puškinskaja • RRR*

7 Maki Café

Das simple Café wurde mit günstigem Essen in nettem Ambiente schnell populär. *Stadtplan L1 • Gliniščevski pereulok 3 • (495) 692 0731 • U-Bahn: Puškinskaja • RR*

8 Café Margarita

Französische Café-Bar mit Suppen und Salaten. *Stadtplan K1 • Ulica Malaja Bronnaja 28 • (495) 699 6534 • U-Bahn: Puškinskaja • RRR*

9 Bacchus Bar

Der Pub bietet englisches, deutsches, tschechisches und russisches Bier. *Stadtplan K1 • Ulica Malaja Bronnaja 20a • (495) 650 6463 • U-Bahn: Puškinskaja • RR*

10 Sindbad

Das libanesische Café hat Wasserpfeifen und günstiges Essen im Angebot. *Stadtplan K2 • Nikitski bulvar 14 • (495) 691 7115 • U-Bahn: Arbatskaja • RR*

Die erste Szene in Bulgakovs Roman *Meister und Margarita* (siehe S. 42) spielt am Teich gegenüber dem Café Margarita.

Links **Neue Tretjakov-Galerie** Rechts **Lenins Begräbniszug**

Zamoskvoreče

ZAMOSKVOREČE WURDE IM *15. Jahrhundert von Kaufleuten und Handwerkern gegründet. Bis heute tragen viele Straßen Gewerbenamen. Das hochwassergefährdete Gebiet wurde Industrie und Landwirtschaft übergeben. Ein im 19. Jahrhundert angelegter Kanal brachte Entlastung, mehrere große Anwesen entstanden. Sie wurden von reichen Kaufleuten wie den Brüdern Tretjakov und Alexej Bachrušin errichtet, die einen großen Beitrag zum Aufblühen der Kulturszene erbrachten, für die Zamoskvoreče bis heute bekannt ist.*

Kirche des heiligen Gregor von Niksar

In der Tretjakov-Galerie

Attraktionen

1. Tretjakov-Galerie
2. Neue Tretjakov-Galerie
3. Auferstehungskirche in Kadaši
4. Ostrovski-Haus
5. Bachrušin-Theatermuseum
6. Gorki-Park
7. Lenins Begräbniszug
8. Sozialistischer Skulpturenpark
9. Historische Moschee
10. Kirche des heiligen Gregor von Niksar

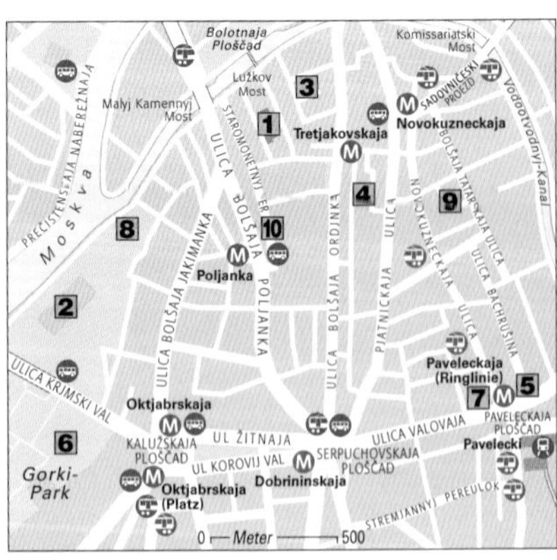

Seinen Namen verdankt Zamoskvoreče der Lage am rechten Ufer der Moskva (Zamoskvoreče: »Gegend hinter der Moskva«).

1 Tretjakov-Galerie

Einen Querschnitt der russischen Kunstgeschichte von frühmittelalterlichen Ikonen bis hin zu impressionistischen Werken vom Ende des 19. Jahrhunderts zeigt die exzellente Tretjakov-Galerie *(siehe S. 20–23)*.

2 Neue Tretjakov-Galerie

Die Sammlung mit Werken des 20. Jahrhunderts vereint anerkannten sozialistischen Realismus und »Untergrundwerke« derselben Zeit. Letztere stammen von Künstlern, die aufgrund ihrer Einstellung verfemt waren. Die Galerie belegt mehrere Etagen des Betonbaus, in dem auch das Zentrale Künstlerhaus *(siehe S. 92)* untergebracht ist. Angeblich soll er in Kürze abgerissen und durch einen ultramodernen, von Stararchitekt Lord Norman Foster entworfenen Komplex in Form einer geschälten Orange ersetzt werden. *Stadtplan E5 • Ulica Krymski val 10 • (499) 230 7788 • U-Bahn: Park Kultury • Di–So 10–19.30 Uhr • Eintritt • www.tretyakovgallery.ru*

3 Auferstehungskirche in Kadaši

Die im 17. Jahrhundert mit öffentlichen Mitteln finanzierte Barockkirche wurde erst kürzlich umfassend restauriert, nachdem die seit 1964 darin befindliche Möbelfabrik ausgelagert worden war. Zuvor war die Kirche Napoléons Truppen anheimgefallen, die dort erst ihre Pferde unterstellten und das Gotteshaus beim Verlassen 1812 schließlich in Brand steckten. Derzeit entstehen rund um die Kirche Luxuswohnungen, die das Gotteshaus an drei Seiten flankieren werden. *Stadtplan N5 • 2-oj Kadaševski pereulok 7 • U-Bahn: Novokuzneckaja • 6–20 Uhr*

Auferstehungskirche in Kadaši

4 Ostrovski-Museum

In diesem von schönen Grünanlagen umgebenen, zauberhaften Haus wurde der russische Theaterautor Alexandr Ostrovski (1823–1886) geboren und aufgezogen. Ostrovski erlangte seinen Durchbruch mit frühen satirischen Komödien. Er schrieb fast 50 Theaterstücke, die im Moskauer Maly-Theater aufgeführt wurden. Sein Stück *Schneemädchen* ist seit 2002 im Repertoire der Bolšoj-Oper. Das Haus ist eines der wenigen noch existierenden Beispiele für Moskauer Holzbauweise des 19. Jahrhunderts. Darin zu sehen sind Manuskripte, Fotos und das Mobiliar der Familie. *Stadtplan N6 • Ulica Malaja Ordynka 9 • (495) 953 8684 • U-Bahn: Tretjakovskaja • Mi–So 12–19 Uhr • Eintritt*

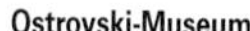

Ostrovski-Museum

Zahlreiche Straßen, Schulen und Kindergärten in der DDR wurden nach Ostrovski benannt.

Brücke der Liebenden

Die Fußgängerbrücke von Lavrušinski pereulok zur Balčug-Insel trägt eine Reihe mit Vorhängeschlössern behängte Eisenbäume. Hochzeitspaare bringen ein Schloss mit ihren Namen und Heiratsdatum an, um so die ewige Liebe zu sichern. Der Brauch stammt angeblich von der Chinesischen Mauer, wo Paare besondere Ketten anbringen.

5 Bachrušin-Theatermuseum

Das Museum wurde 1896 für die Theaterandenken des wohlhabenden Philanthropen Alexej Bachrušin (1865–1929) eingerichtet. Zu sehen sind dort historische Programmhefte, Kostüme und Bühnenbilder aus dem 19. und 20. Jahrhundert. *Stadtplan G5 • Ulica Bachrušina 31/12 • (495) 953 4470 • U-Bahn: Paveleckaja • Mi–Mo 12–19 Uhr • Eintritt*

Bühnenbild im Bachrušin-Theatermuseum

6 Gorki-Park

Russlands erster Themenpark am Ufer der Moskva wurde 1928 eröffnet. Über ein Monumentaltor mit Hammer und Sichel betritt man den Park mit seinen schönen Grünanlagen und familientauglichen Angeboten. *Stadtplan E6 • Ulica Krymski val 9 • U-Bahn: Park Kulturiy • 11–20 Uhr*

7 Lenins Beerdigungszug

Die Eisenbahn, mit der Lenins Leichnam im Januar 1924 von seinem Landsitz nach Moskau gebracht wurde, befindet sich jetzt in der Museumshalle hinter dem Bahnhof Pavelecki. Die festliche, schwarze Lok trägt einen leuchtend roten Stern und zieht einen einzigen, fensterlosen Waggon. *Stadtplan G6 • Bahnhof Pavelecki • U-Bahn: Paveleckaja • Di–So 10–18 Uhr*

8 Sozialistischer Skulpturenpark

Der nach dem Zusammenbruch der Sowjetunion 1991 als Schuttplatz für ausgediente Sowjetstatuen genutzte Skulpturenpark wurde 1992 offiziell eröffnet. Mittlerweile ist die sehenswerte Sammlung auf insgesamt rund 700 Stücke angewachsen. Neben Lev Trotzki befindet sich hier das Ebenbild des Diktators Stalin, dessen

Bootfahrt auf dem See, Gorki-Park

Ein Raum im Bachrušin-Theatermuseum ist dem legendären russischen Opernsänger Fjodor Šaljapin (1873–1938) gewidmet.

Trotzki-Statue, Sozialistischer Skulpturenpark

Nase von Vandalen abgebrochen wurde. *Stadtplan M6 • Ulica Krymski val 10 • U-Bahn: Park Kultury • 9–20 Uhr • Eintritt*

9 Historische Moschee

1823 wurde die Genehmigung zum Bau dieser Moschee unter der Bedingung erteilt, dass sie keine Minarette bekäme. 1936 richteten die Sowjets den Imam der Moschee hin und bauten sie zu einer Druckerei um. 1993 wurde die Moschee wieder eröffnet und dient heute der etwa eine Million Mitglieder starken muslimischen Gemeinde Moskaus. *Stadtplan P5 • Ulica Tatarskaja 28 • U-Bahn: Novokuzneckaja • 7–22 Uhr*

10 Kirche des heiligen Gregor von Niksar

Zar Alexej ordnete den Bau dieser prächtigen Kirche 1668 an. Sie wurde auf den Grundmauern einer Kapelle aus dem 15. Jahrhundert errichtet. Ein berühmtes »Pfauenaugen«-Fries ziert das Dach. Den Innenraum beherrschen die herrliche Ikonostase und eine Kopie der Wunderikone der Jungfrau von Kykkos. Die von den Kommunisten geschlossene Kirche wurde 1996 wieder eröffnet. *Stadtplan M6 • Ulica Bolšaja Poljanka • U-Bahn: Poljanka • 8–19.30 Uhr*

Zamoskvoreče für Kunstliebhaber

Vormittag

Los geht es an der Metrostation Park Kultury. Nehmen Sie die Krymski-Brücke über die Moskva. Von dort aus sehen Sie links Ceretelis Statue von **Peter dem Großen**, sowie die **Erlöserkathedrale** *(siehe S. 75)*. Überqueren Sie den Fluss und gehen Sie die Stufen zum Betonbau hinunter, in dem das **Zentrale Künstlerhaus** und die **Neue Tretjakov-Galerie** *(siehe S. 89)* sind. Mittagessen gibt es im schicken Café des Zentralen Künstlerhauses. Danach geht es in den **Sozialistischen Skulpturenpark**. Alternativ biegen Sie rechts ab, und nehmen den Durchgang (von Kunstständen gesäumt) zum Eingang des **Gorki-Park**. Dort gibt es genügend Angebote zum Rasten. Im Sommer legen Bootsrundfahrten von der Station Gorki-Park ab.

Nachmittag

Vom Gorki-Park gehen Sie den Krymski val bis zur U-Bahn-Station Oktjabrskaja. Fahren Sie bis Tretjakovskaja, und verbringen Sie den Nachmittag in der **Tretjakov-Galerie**. Im Café kann man einen Imbiss nehmen. Weiter geht es auf dem Lavrušinski pereulok hinauf zum Fluss. Unterwegs bewundern Sie die **Auferstehungskirche in Kadaši** *(siehe S. 89)* und überqueren dann die **Brücke der Liebenden**. Westwärts kommen Sie zur Statue Peters des Großen. Im großen Bau jenseits der Malyj-Kazennyj-Brücke befand sich früher die Schokoladenfabrik Roter Oktober, heute wird er teilweise von der **Art-Strelka-Gallerie** *(siehe S. 92)* genutzt.

Vom Sozialistischen Skulpturenpark aus kann man Zurab Ceretelis Statue von Peter dem Großen auf einer Insel stehen sehen.

Links **Bilder im Kunstmarkt** Rechts **Kunstwerke im Zentralen Künstlerhaus**

Top 10 Zeitgenössische Galerien

1 Zentrales Künstlerhaus
Kunstzentrum mit Privatgalerien *(siehe S. 38). Stadtplan E5 • Ulica Krymski val 10 • (499) 238 9843 • U-Bahn: Park Kultury • Di–So 11–20 Uhr • Eintritt • www.cha.ru*

2 Marat-Guelman-Galerie
Tolle Ausstellungen junger russischer Künstler *(siehe S. 39). Stadtplan E5 • Ulica Malaja Poljanka 7/7, Geb. 5 • (495) 238 8492 • U-Bahn: Poljanka • Di–So 12–20 Uhr • www.guelman.ru*

3 Red Art & Filimonoff-Galerie
Abstrakte Skulpturen und Gemälde von russischen Künstlern. *Stadtplan E5 • Zentrales Künstlerhaus, Raum NG13 • (495) 238 63 22 • U-Bahn: Park Kultury • Di–So 11–19 Uhr.*

4 Art-Strelka-Galerie
Hier befinden sich viele Galerien mit regelmäßigen Ausstellungen. *Stadtplan L5 • Berenevskaja nab. 14/5 • U-Bahn: Kropotkinskaja • 16–20 Uhr • www.artstrelka.ru*

5 TV-Galerie
Innovative Galerie für Videokunst. *Stadtplan M6 • Ulica Bolšaja Jakimanka 6 • (495) 238 0269 • U-Bahn: Poljanka • Di–Sa 12–19 Uhr • www.tvgallery.ru*

6 Krokin-Galerie
Die trendige Galerie präsentiert Ausstellungen mit Grafikkunst, Multimedia und Fotografie. *Stadtplan M6 • Ulica Bolšaja Poljanka 15 • U-Bahn: Poljanka • 11–19 Uhr • www.krokingallery.com*

7 Lumiere-Foto-Galerie
Die Galerie zeigt eine große Sammlung alter und neuer Bilder russischer Fotografen. *Stadtplan E5 • Zentrales Künstlerhaus, Raum A51 • (495) 238 7753 • U-Bahn: Park Kultury • Di–So 11–19 Uhr • www.lumiere.ru*

8 Alla-Buljanskaja-Galerie
Abstrakte Bronzeskulpturen, expressionistische Bilder und surreale Werke zeitgenössischer Künstler. *Stadtplan E5 • Zentrales Künstlerhaus, Raum NG7 • (499) 238 2589 • U-Bahn: Park Kultury • Di–So 12–19 Uhr • www.allabulgallery.com*

9 Melarus-Galerie
Diese Galerie zeigt Landschaften, Porträts und Stillleben mit russischen volkstümlichen Motiven. *Stadtplan E5 • Zentrales Künstlerhaus, Raum 42 • U-Bahn: Park Kultury • Di–So 11–20 Uhr*

10 Kunstmarkt
In einer langen Unterführung stehen dicht an dicht kleine Stände, die Originalwerke zu guten Preisen verkaufen. *Stadtplan E5 • Unterführung zwischen Gorki-Park und Neuer Tretjakov-Galerie • U-Bahn: Park Kultury • Di–So 10–20 Uhr.*

Weitere Galerien in Moskau **siehe S. 38f.**

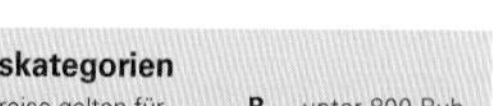

Preiskategorien

Die Preise gelten für ein Drei-Gänge-Menü pro Person inklusive einer halben Flasche Hauswein.

R	unter 800 Rub
RR	800–1500 Rub
RRR	1500–2000 Rub
RRRR	2000–2500 Rub
RRRRR	über 2500 Rub

TOP 10 Cafés & Restaurants

1 Suliko

Das Suliko hat eine riesige georgische Speisekarte. Neben guter Küche gibt es auch eine große Auswahl erlesener Weine. *Stadtplan F6 • Ulica Bolšaja Poljanka 42 • (499) 238 2888 • U-Bahn: Poljanka • RRR*

2 Dorian Gray

Einer der besten Italiener der Stadt *(siehe S. 59)*. *Stadtplan M5 • Kadashevskaja nab. 6/1 • (495) 238 6401 • U-Bahn: Tretjakovskaja • RRRR*

3 Observatoire

Das exklusive Restaurant bietet beste internationale Küche. Reservierung erforderlich. *Stadtplan M6 • Bolšaja Jakimanka 22/3 • (495) 643 3606 • U-Bahn: Poljanka • RRRRR*

4 Matreška

Strohdach und Holztische sorgen in diesem traditionellen russischen Lokal für ländlichen Charme. *Stadtplan N6 • Klimentovski pereulok 10/2 • (495) 953 9400 • U-Bahn: Tretjakovskaja • RRR*

5 Correa's

Das amerikanische Correa's serviert italienische Speisen in legerem Ambiente. *Stadtplan F6 • Ulica Bolšaja Ordynka 40/2 • (495) 725 6035 • U-Bahn: Poljanka • RR*

6 William Bass

Ausländer lieben den Pub mit seinen Steaks, Pommes, Real Ales, Cider und Fußball auf dem Großbildschirm. *Stadtplan M6 • Ulica Malaja Jakimanka 9 • (495) 778 1874 • U-Bahn: Poljanka • RRR*

7 Oblomov

Russische Standards wie *pelmeni* (Klöße) und Räucherfisch geben im Oblomov Einblicke in das Leben Adeliger vor der Revolution *(siehe S. 59)*. *Stadtplan F6 • 1yj Monetčikovski pereulok 5 • (495) 953 6828 • U-Bahn: Dobrininskaja • RRRRR*

8 Kvartira 44

Die stimmungsvolle Bar hat ein interessantes Publikum und bietet russische wie italische Gerichte. *Stadtplan M6 • Ulica Malaja Jakimanka 24/8 • (495) 238 8234 • U-Bahn: Poljanka • RR*

9 Šeš Beš

Türkisches Restaurant mit ländlichem Dekor und beliebter Salatbar. *Stadtplan N5 • Ulica Pjatniškaja 24/1 • (495) 959 5862 • U-Bahn: Tretjakovskaja • RR*

10 Mi Piace

Das Mi Piace gehört einer kleinen Kette italienischer Restaurants an und serviert köstliche Pizza. Bitten Sie um einen Platz im Hof. *Stadtplan N6 • Ulica Bolšaja Ordynka 13/9 • (495) 951 5250 • U-Bahn: Tretjakovskaja • RRR*

Weitere Cafés & Restaurants **siehe S. 58f, 67, 72f, 78f, 87 & 99**

Links **Novospasski-Kloster** Rechts **Museum des Großen Vaterländischen Krieges**

Großraum Moskau

EINGEZWÄNGT ZWISCHEN GESICHTSLOSEN *Sowjet-Wohnblöcken der Vorstadt findet man eine überraschende Vielzahl an Grünflächen und Attraktionen. Sie eignen sich bestens für kleine Atempausen vom hektischen Treiben der Stadt. Viele der Parks gehörten einst zu den vornehmen Sommerresidenzen der aristokratischen Moskauer Elite. Darin verborgen liegen architektonische Juwele wie der Ostankino-Palast oder der Kuskovo-Palast, die heute Museen sind. Südlich der Stadt stehen mehrere Klöster und Konvente, von denen einige bereits im 13. Jahrhundert gegründet wurden. Hinter hohen Festungsmauern, die Angreifer abhielten, beherbergen sie einige sehenswerte Kirchen und Kathedralen.*

Der Grotto auf dem Kuskovo-Anwesen

TOP 10 Attraktionen

1. Kolomenskoje
2. Kuskovo
3. Neues Jungfrauenkloster & Friedhof
4. Borodino-Panoramamuseum
5. Allrussisches Ausstellungszentrum (VVC)
6. Siegesdenkmal & Museum des Großen Vaterländischen Krieges
7. Ljublino
8. Novospasski-Kloster
9. Moskauer Staatsuniversität
10. Tolstoj-Museum

Reisevorbereitung **siehe S. 102**

1 Kolomenskoje

Die zwischen dem 16. und 18. Jahrhundert beliebte Sommerresidenz der Zaren lockt jedes Wochenende und an Feiertagen Moskauer Picknickgäste an. Eine der vielen Attraktionen dort ist die *Troika*-Fahrt *(siehe S. 28f)*.

Metbrauerei von Kolomenskoje

2 Kuskovo

Das idyllische Anwesen war eines der 1200 Dörfer der Familie Šeremetjev, im 18. Jahrhundert wurde es zur Sommerresidenz. Mehrere talentierte Architekten wurden aus den 200 000 Leibeigenen der Familie zum Bau des Anwesens auserkoren. Kernstück ist der Kuskovo-Palast, ein Holzbau mit prachtvollem Interieur, das mit Materialien aus ganz Europa gebaut wurde. Der mit Muscheln und Porzellan verzierte Grotto aus dem 18. Jahrhundert ist der eindrucksvollste Pavillon. *Stadtplan B2 • Ulica Junost 2 • (495) 370 0150 • U-Bahn: Rjazanski prospekt • Apr–Okt: Mi–So 10–18 Uhr; Nov–März: Mi–So 10–16 Uhr. • Eintritt*

3 Neues Jungfrauenkloster & Friedhof

Die im 16. Jahrhundert als Kloster und Festung gegründete Anlage umfasst heute mehrere sehenswerte Kirchen aus dem 17. Jahrhundert sowie ein Museum. Vor den Mauern liegt der berühmte Friedhof, auf dem prominente Persönlichkeiten begraben sind *(siehe S. 26f)*.

4 Borodino-Panoramamuseum

Highlight des zylindrischen Museums ist ein Panoramabild mit dem Titel *Die Schlacht von Borodino*. Das zum 100. Jahrestag des Krieges gegen Frankreich in Auftrag gegebene Gemälde zeigt Napoléons Kavallerieangriff von 1812 *(siehe S. 96)*. Erst mit der Museumseröffnung 1962 fand das bis dahin heimatlose Monumentalwerk seinen festen Platz. Die Ausstellung illustriert auch Vormarsch und Rückzug der napoleonischen Truppen und zeigt originale Uniformen, Waffen und Banner. *Stadtplan A5 • Kutuzovski proezd 38 • (499) 148 1967 • U-Bahn: Kutuzovskaja • Sa–Do 10–18 Uhr • Eintritt*

Blick auf die eindrucksvollen Gebäude des Neuen Jungfrauenklosters

Kirchen & Kathedralen **siehe S. 36f**

Triumphbogen am Eingang zum Allrussischen Ausstellungszentrum (VVC)

5 Allrussisches Ausstellungszentrum (VVC)

1939 wurde der Bau für die landwirtschaftliche Leistungsschau der UdSSR eröffnet und konnte sich schnell als Ausstellungszentrum etablieren. Die über 80 großen Pavillons sind mit sowjetischen Skulpturen bestückt und je einem bestimmten Technologiebereich gewidmet. Heute beherbergen viele davon Läden und Unterhaltungseinrichtungen als zusätzliche Attraktion. *Stadtplan B1 • Mira prospekt • U-Bahn: VDNCh • 9–19 Uhr (Gelände), 10–18 Uhr (Pavillons)*

6 Siegesdenkmal & Museum des Großen Vaterländischen Krieges

Die Gedenkstätte wurde 1995 zum 50. Jahrestag des Endes des Großen Vaterländischen Krieges (Zweiter Weltkrieg) eröffnet. Darüber ragt die Statue der Nike auf einem 141 Meter hohen Obelisken empor, der das Zentrum des Siegesparks dominiert. Auf dem Gelände ist eine Ausstellung mit Militärfahrzeugen und -gerät. *Stadtplan A2 • Kutuzovski prospekt • (495) 449 8159 • U-Bahn: Kutuzovskaja • Di–So 10–19 Uhr • Eintritt*

7 Ljublino

1800 kaufte Nikolaj Durasov das Anwesen und errichtete dort einen großen Gebäudekomplex. Kernstück der Anlage ist seine prachtvolle Villa mit der Rundhalle, welche das Deckengemälde *Triumph der Venus* trägt. Außerdem ist sie mit bemerkenswerten Trompe-l'œil-Wandmalereien versehen. Im benachbarten Marmorsaal gab Durasov Bälle und Bankette. *Stadtplan B2 • Ulica Letnja 1 • (495) 350 1553 • U-Bahn: Volga • Di–So 7–18 Uhr • Eintritt*

8 Novospasski-Kloster

Das im 14. Jahrhundert im Kreml gegründete Novospasski-Kloster bezog 1491 auf Befehl Ivans des Großen (1440–1505) seinen jetzigen Standort am Ufer der Moskva. Dort war es ein Teil der südlichen Verteidigungsanlagen der Stadt. Die Klostermauern entstanden im 17. Jahrhundert, als die Romanovs die schöne Christi-Verklärungskathedrale *(siehe S. 37)* zu ihrer Grabkapelle

Die Schlacht von Borodino

Russische Truppen trafen am 7. September 1812 in Borodino auf Napoléons Armee. Es gab viele Tote auf beiden Seiten, bis sich die russischen Truppen schließlich zurückzogen. Bei ihrem Rückzug steckten sie große Teile Moskaus in Brand, sodass die Franzosen bei Wintereinbruch ohne Proviant waren und kurz darauf abziehen mussten.

Auf dem Gelände des Museums des Großen Vaterländischen Krieges stehen eine Moschee, eine Kirche und eine Synagoge.

machten. In der Sowjetzeit diente das Kloster als Gefängnis, wurde 1991 aber der orthodoxen Kirche zurückgegeben. ✎ *Stadtplan G5 • Krestjanskaja ploščad • (495) 676 9570 • U-Bahn: Proletarskaja • 7–19 Uhr*

9 Moskauer Staatsuniversität

Bei ihrer Fertigstellung 1953 war die Universität das höchste Gebäude Europas. Ihr Turm ragt 240 Meter empor und trägt einen 11 980 Kilogramm schweren Stern mit Weizenkranz. Die vier mächtigen Flügel mit über 6000 Studentenzimmern sind mit Uhr, Thermometer und Barometer geschmückt – damals die größten der Welt. Das Interieur ist mit Marmor, Mosaiken und Skulpturen bestückt. ✎ *Stadtplan A2 • Universitetskaja ploščad • U-Bahn: Vorobjovy Gory • www.msu.ru*

Tolstoj-Museum

10 Tolstoj-Museum

Lev Tolstoj verbrachte die Winter von 1882 bis 1901 in dem Stadthaus. Neben Erbstücken der Familie sind dort Familienporträts führender russischer Maler zu sehen. Das Arbeitszimmer des Schriftstellers und das Empfangszimmer befinden sich im Obergeschoss. ✎ *Stadtplan D5 • Ulica Lva Tolstovo 21 • (495) 246 9444 • U-Bahn: Park Kultury • Di–So 10–17 Uhr • Eintritt*

Ein Tag in Museen und an Denkmälern

Vormittag

An der U-Bahn-Station Pobedy Park unterqueren Sie den Kutuzovski Prospekt und gehen zum **Siegesdenkmal** – der Obelisk zeigt die Lage des **Museums für den Großen Vaterländischen Krieg** an. Besuchen Sie die Ausstellung und, falls Zeit bleibt, den Park. Gehen Sie zurück, und überqueren Sie den Kutuzovski prospekt. Sie kommen am Triumphbogen zu Ehren des russischen Siegs über Napoleon vorbei, der heute auf einer Verkehrsinsel steht. Dahinter ist das **Borodino-Panoramamuseum** mit der Statue des General Kutuzov, der die Truppen im Großen Vaterländischen Krieg kommandierte. Mittagessen gibt es im **Bocconcino** *(siehe S. 99)* im Einkaufszentrum hinter der Station Park Pobedy, von wo Sie nach VDNCh fahren.

Nachmittag

Von der U-Bahn-Station VDNCh gehen Sie am **Monument für die Eroberer des Weltraums** *(siehe S. 47)* vorbei Richtung Eingangstor des **Allrussischen Ausstellungszentrums**. Hier steht vor dem Weltraumpavillon eine Vostok-Rakete. Ein ähnliches Modell benutzte 1961 Juri Gagarin, der erste Mann im All. Besuchen Sie das Ausstellungszentrum, oder verlassen Sie es durch das Haupttor, und halten Sie sich rechts Richtung Ulica Ostankinskaja und dem herrlichen **Ostankino-Palast** *(siehe S. 98)* aus dem 18. Jahrhundert. Gegenüber steht das **Hotel Kosmos** *(siehe S. 114)* mit mehreren guten Restaurants und einer Kegelbahn.

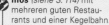

Lev Tolstoj schrieb Der Tod des Ivan Jljič *in seinem Arbeitszimmer im heutigen Tolstoj-Museum.*

Links **Weißes Haus** Mitte **Ostankino-Palast** Rechts **Mariä-Schutz-Kathedrale, Izmajlovo-Park**

TOP 10 Dies & Das

1 Weißes Haus

Das Regierungsgebäude war früher Sitz des Sowjetparlaments. *Stadtplan C3 • Krasnopresnenskaja nab. 2 • U-Bahn: Barrikadnaja*

2 World Trade Centre Moscow

Das Geschäftszentrum wurde 1980 gebaut und 2004 erweitert. *Stadtplan B3 • Krasnopresnenskaja nab. • U-Bahn: Barrikadnaja • www.wtcmoscow.ru*

3 Caricyno-Palast

Das bezaubernde Ensemble einfallsreicher Bauten, Wälder und Seen blieb unter Katharina der Großen unvollendet. *Stadtplan B3 • Ulica Dolskaja 1 • (495) 322 6843 • U-Bahn: Caricyno • Mi–So 11–18 Uhr • Eintritt • www.tsaritsyno.net*

4 Dostojevski-Museum

Fjodor Dostojevskis *(siehe S. 42)* Haus zeigt Manuskripte und Schreibfedern des Autors. *Stadtplan E1 • Ulica Dostojevskovo 2 • (495) 281 1085 • U-Bahn: Novoslobodskaja • Mi, Fr 14–20 Uhr, Do, Sa, So 10–18 Uhr • Eintritt*

5 Ostankino-Palast

Dieses Meisterwerk wurde 1797 in Fronarbeit für Nikolaj Šeremetev gebaut. *Stadtplan A1 • Ulica Ostankinskaja • (495) 683 4645 • U-Bahn: VDNCh • Mai–Sep: Mi–So 11–19 Uhr • Eintritt*

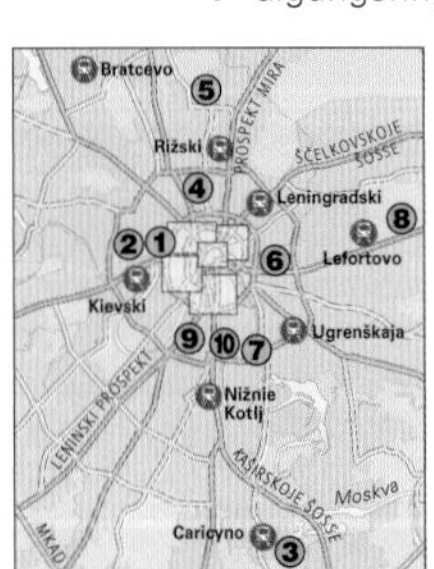

6 Spasso-Andronikov-Kloster

Viele der wunderbaren Fresken hier stammen von Andrej Rubljov *(siehe S. 22)*. Der Komplex birgt auch ein Museum mit seiner Kunst. *Stadtplan H4 • Andronevskaja Ploščad • (495) 678 1467 • U-Bahn: Ploščad Iljiča • 11–18 Uhr • Eintritt*

7 Simonov-Kloster

Diese klösterliche Festung von 1370 wurde unter den Kommunisten zerstört. Geblieben sind eine Kirche und Teile der alten Mauern. *Stadtplan B2 • Ulica Vostočnaja • U-Bahn: Avtozavodskaja • 10–18 Uhr*

8 Izmajlovo-Park

Die Mariä-Schutz-Kathedrale von 1679 ist eine der Attraktionen hier. *Stadtplan B2 • Narodnyj Prospekt 17 • U-Bahn: Izmajlovski Park*

9 Svjato-Donskoj-Kloster

Das von Boris Godunov gegründete Kloster aus dem 16. Jahrhundert ist eine der Festungen des südlichen Verteidigungsrings der Stadt. *Stadtplan A2 • Ulica Donskoja • U-Bahn: Šabolovskaja • 10–19 Uhr*

10 Danilovski-Kloster

Großfürst Daniil gründete Moskaus ältestes Kloster 1282. *Stadtplan B2 • Danilovski val • U-Bahn: Tulskaja • 7–19 Uhr*

Die 18 Glocken des Danilovski-Klosters lagerten während der kommunistischen Ära in der Harvard Universität (USA).

Das Restaurant Jar

Preiskategorien

Die Preise gelten für ein Drei Gänge-Menü pro Person inklusive einer halben Flasche Hauswein.

R	unter 800 Rub
RR	800–1500 Rub
RRR	1500–2000 Rub
RRRR	2000–2500 Rub
RRRRR	über 2500 Rub

TOP 10 Bars & Restaurants

1 Jar

Das 1826 gegründete Jar mischt französische und russische Kochkunst in vornehmer Umgebung. *Stadtplan A2 • Sovietski Hotel, Leningradski prospekt 32/2 • (495) 960 2004 • U-Bahn: Dinamo • RRRRR*

2 Pinocchio

Der schicke Italiener im Stil der 1930er Jahre hat mit die besten Pizzen der Stadt und stilechte Retro-Möbel. *Stadtplan C4 • Kutuzovski proezd 4/2 • (495) 545 0171 • U-Bahn: Kievskaja • RRRRR*

3 Darbar

Das Darbar bietet eine exzellente Auswahl indischer Gerichte und herrliche Aussicht aus dem 16. Stock. *Stadtplan A2 • Sputnik Hotel, Leningradski prospekt 38 • (495) 930 2925 • U-Bahn: Leninski Prospekt • RRR*

4 Grabli

Grabli ist eine trendige Selbstbedienung-Restaurantkette mit hochwertiger russischer und internationaler Küche – ideal für Klassiker wie *bliny* (Pfannkuchen). *Stadtplan C4 • Kievskaja ploščad 2 • (495) 229 1977 • U-Bahn: Kievskaja • RR*

5 Bocconcino

Diese renommierte Pizzeria-Kette bietet herausragende italienische Speisen. *Stadtplan A2 • Kutuzovski Prospekt 48 • (495) 662 1135 • U-Bahn: Park Pobedy • RRR*

6 Krambambulja

Das nach dem weißrussischen Schnaps Krambambulja benannte Lokal serviert gute weißrussische Küche mit vielen Katrtoffelgerichten. *Stadtplan B1 • Allrussisches Ausstellungszentrum, Gebäude 352 • (499) 760 2307 • U-Bahn: VDNCh • RR*

7 Apartment

Hier erwarten Sie modische Deko und beste Kochkunst. *Stadtplan C5 • Savvinskaja nab. 21 • (495) 518 6060 • U-Bahn: Kievskaja • RRRR*

8 Vinnaja Istoria

Eine 140-seitige Weinkarte und hilfsbereite Sommeliers sind die Attraktion des eleganten Restaurants. *Stadtplan A1 • Ulica Tichvinskaja 17/1 • (499) 978 9885 • U-Bahn: Savelovskaja, Novoslobodskaja • RRRR*

9 Soup Café

Das gemütliche Café serviert Russisches mit Schwerpunkt auf köstlichen Suppen. *Stadtplan A1 • Ulica Bresckaja 62/25 • (495) 251 1383 • U-Bahn: Beloruskaja • RR*

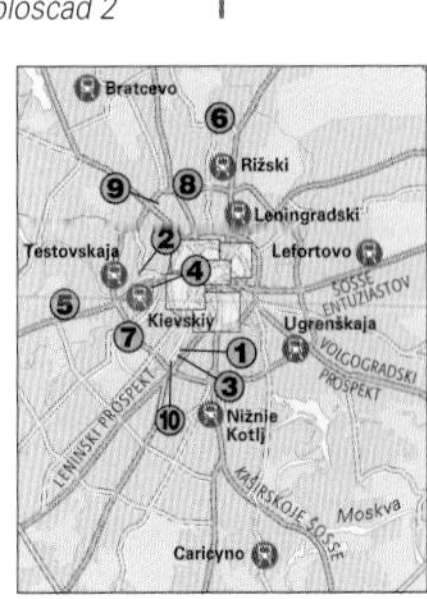

10 Sky Lounge

Kreative Kochkunst und eine schöne Aussicht aus dem 22. Stock sind die Attraktionen dieses Restaurants. *Stadtplan A2 • Akademie der Wissenschaften, Leninski Prospekt 32a • (495) 938 5775 • U-Bahn: Leninski Prospekt • RRRRR*

Das Jar veranstaltet regelmäßig traditionelle russische Tanz- und Musik-Shows.

REISE-INFOS

Links **Französische Botschaft im Igumnov-Haus** Rechts **Schild einer Wechselstube**

TOP 10 Reisevorbereitung

1 Reisezeit

Moskau hat milde Sommer und oft sehr kalte Winter. Die beste Reisezeit ist von Juni bis September. Die Temperaturen steigen in dieser Zeit bis etwa 18 °C. Die mittlere Wintertemperatur zwischen Dezember und März liegt bei –7 °C.

2 Reisegepäck

Im Winter sollten Sie sich auch mit Pullover, dicker Jacke, warmer Unterwäsche, Handschuhen, Mütze und wasserdichtem Schuhwerk gegen die Kälte wappnen. Bei Frühlings und Herbstregen sind Anorak und Regenschirm praktisch, T-Shirts sind im Sommer geeignet. Für den Besuch mancher Kirchen und Klöster müssen Arme und Beine bedeckt sein.

3 Visa & Pass

Besucher benötigen für die Ein- und Ausreise ein Visum im mindestens drei Monate über die Reise hinaus gültigen Reisepass. Ein Touristenvisum ist für Mitglieder einer Reisegruppe und für Individualreisende erhältlich. Für ein einfaches Visum benötigt man die Einladung eines russischen Staatsbürgers, für ein Geschäftsvisum die Einladung einer Firma oder Organisation.

4 Meldepflicht

Alle Russlandbesucher müssen sich binnen 72 Stunden bei der örtlichen Polizei melden. Hotels und Jugendherbergen sind gesetzlich verpflichtet, Sie innerhalb von 24 Stunden zu melden und tun dies meist gegen Gebühr. Wer privat unterkommt, den müssen seine Gastgeber melden.

5 Zoll

Die russischen Zollbestimmungen sind sehr streng und unterliegen häufigen Änderungen. Die aktuellen Bestimmungen erfahren Sie beim Auswärtigen Amt (www.auswaertiges-amt.de). Besonders umständlich ist die Ausfuhr von Antiquitäten. Bei der Einreise sollten Sie Wertgegenstände wie Computer oder Schmuck auf der Zollerklärung angeben, da sonst bei der Ausreise eine Importsteuer erhoben werden kann.

6 Botschaften

Alle Länder, die diplomatische Beziehungen mit Russland pflegen, unterhalten in Moskau eine Botschaft. Ihre Mitarbeiter helfen im Fall von Verhaftungen, Diebstahl oder anderen Problemen. Sie können bei Verlust einen neuen Ausweis ausstellen oder in Notfällen Geld vorstrecken.

7 Geld

Russlands Währung ist der Rubel. Man kann sie nur im Land erwerben, am besten gegen Euro oder US-Dollar *(siehe S. 109)*.

8 Zeit

Die Moskauer Zeit liegt zwei Stunden vor der Mitteleuropäischen Zeit (MEZ). Da wie im restlichen Europa von Ende März bis Ende Oktober Sommerzeit gilt, ändert sich auch dann der Zeitunterschied nicht.

9 Strom

Die Stromspannung beträgt in Russland 230 Volt. Zur Sicherheit sollten Sie einen Adapter mitnehmen, da stellenweise noch die alten sowjetischen Schlitzstecker in Gebrauch sind.

10 Sprache

Das kyrillische Alphabet ist anfangs eine Herausforderung. Wer plant, mehr als nur ein paar Tage in Moskau zu bleiben, sollte es lernen, um U-Bahn-Stationen, Straßenschilder, Info-Tafeln und Busfahrpläne zu entziffern. Nur wenige Russen sprechen gut Englisch.

Botschaften

Deutschland
Mosfilmovskaja ul. 56
• (495) 937 9500
• www.moskau.diplo.de

Österreich
Starokonjušennyj per. 1
• (495) 780 6066 • www.aussenminsterium.at/moskau

Schweiz
Ogorodnaja Sloboda 2/5
• (495) 258 3830
• www.eda.admin.ch/moscow

Vorhergehende Doppelseite **U-Bahn-Station Kievskaja**

Links **Bootsfahrt auf der Moskva** Rechts **U-Bahn-Station Arbatskaja**

TOP 10 Anreise & in Moskau unterwegs

1 Flughäfen

Šeremetjevo 2, ist der älteste der drei internationalen Hauptflughäfen Moskaus. Er liegt nördlich der Stadt und ist durch einen Expresszug mit der U-Bahn Station Savelovskaja verbunden. Vom neueren Flughafen Vnukovo im Südosten fährt ein Expresszug zur Metro-Station Kievskaja. Der Flughafen Domodedovo im Südwesten ist mit der U-Bahn-Station Paveleckaja verbunden.

2 Bahnhöfe

Zugreisende aus Westeuropa kommen am Bahnhof Belorusski (U-Bahn-Station Belorusskaja) an. Wer aus Prag, Budapest und Kiev anreist, kommt am Kievski-Bahnhof (U-Bahn Kievskaja) an. Reisende aus St. Petersburg steigen am Leningradski aus, einem der drei wichtigsten Bahnhöfe am Komsomolskaja ploščad (U-Bahn Komsomolskaja).

3 Bushaltestellen

Euroline-Busse steuern den Bahnhof Leningradski an, Busse nach St. Petersburg und anderen russischen Städten verkehren vom zentralen Busbahnhof aus, der nicht im Stadtzentrum liegt. *Leningradski-Bahnhof: Stadtplan H1; 3 Komsomolskaja ploščad; Komsomolskaja (U-Bahn) • Zentraler Busbahnhof: Stadtplan B1; Ulica Uralskaja 2; Ščjolskaja (U-Bahn)*

4 Flussterminal

Das Nördliche Flussterminal am Stadtrand ist die übliche Anlegestelle für Schiffe aus St. Petersburg. *Nördliches Flussterminal: Stadtplan A1 • Leningradskoje šosse 51 • (495) 457 4050 • Rečnoj Vokzal (U Bahn)*

5 U-Bahn

Moskaus Metrosystem *(siehe S. 24f)* transportiert mehr Fahrgäste als die U-Bahnen Londons und New Yorks zusammen. Es ist der einfachste Weg, in der Stadt herumzukommen. Man kann Einzel- oder Mehrtageskarten kaufen, die vor Fahrtantritt entwertet werden.

6 Taxis

In Moskau verkehren offizielle Taxis, die man an ihren karierten Türen erkennt. Die Russen winken gerne einen Wagen am Straßenrand heran und handeln den Fahrtpreis individuell aus. Allein reisende Frauen sollten Pink Taxi oder Ladies Red Taxi wählen, die als sicher gelten. *Ladies Red Taxi: (495) 646 0846 • New Moscow Taxi: (495) 780 6780 • New Yellow Taxi: (495) 940 8888 • Pink Taxi: (495) 662 0003*

7 Bus, Trams & Trolleybusse

Moskau durchzieht ein dichtes Netz an Bus-, Tram- und Trolleybuslinien, die von sechs Uhr morgens bis ein Uhr früh unterwegs sind. Fahrkarten bekommt man an den Kiosken neben den Haltestellen oder direkt beim Fahrer. Die Tickets gelten für eine einfache Fahrt.

8 Minibusse

Private Minibusse, *maršrutki*, folgen nummerierten Strecken, deren Endhaltestelle in der Windschutzscheibe zu lesen ist. Die Minibusse kosten zwar etwas mehr als das öffentliche Verkehrsnetz, sind aber viel schneller und können per Handzeichen auf der Strecke herangewinkt werden.

9 Mietwagen & Straßenverkehr

Europcar hat Niederlassungen an Moskaus drei internationalen Flughäfen und in der Stadt. Thrifty betreibt ein zentrales Büro in der Leningradskoje šosse. Fahrer müssen immer Reisepass, Fahrzeugpapiere und Führerschein dabei haben. Außerdem sind Feuerlöscher, Erste-Hilfe-Set und Signalweste im Auto Vorschrift. *Europcar: (495) 783 7161 • Thrifty Car Rental: (495) 788 6888*

10 Zu Fuß

Die zentralen Sehenswürdigkeiten rund um Roten Platz und Kreml kann man bequem zu Fuß erkunden, ebenso die Kirchen und Galerien des Zamoskvoreče-Viertels. Bequeme Schuhe sind anzuraten.

Online-Informationen zur Erteilung eines Visums
www.russianvisa.net

Links **Beim Zuprosten** Mitte **Eine Kirchenbesucherin** Rechts **Türsteher eines Restaurants**

TOP 10 Umgangsformen

1 Begrüßung

Männer schütteln einander zur Begrüßung die Hände. Frauen grüßt man mit einem Kopfnicken, wenn man sie näher kennt mit Wangenkuss. Freunde jeden Alters begrüßen sich mit einem *»privet«*, während zu formelleren Anlässen das *»zdravstvujte«* gebräuchlich ist.

2 Politische Diskussionen

Russen sind aufgrund der Umstände an politische Diskussionen gewöhnt. Während die jüngere Generation eher politikverdrossen ist, können Diskussionen über Themen wie den Tschetschenienkrieg mit Menschen, die in der UdSSR aufwuchsen hitzig werden, insbesondere dann, wenn man sich kritisch zur russischen Vorgehensweise dort äußert.

3 Persönliche Fragen

Russen fragen und antworten im Allgemeinen gerne zu Themen, die wir als persönlich empfinden. Man wird Sie etwa nach ihrem Einkommen oder ihrem Familienstand befragen. Trotzdem kann es Unmut hervorrufen, wenn Sie als Ausländer ebenso indiskrete Fragen stellen.

4 Sitzplätze frei machen

Junge Fahrgäste räumen in öffentlichen Verkehrsmitteln üblicherweise ihren Sitzplatz für ältere Menschen, schwangere Frauen und behinderte Fahrgäste. Wer diesem Kodex nicht nachkommt, riskiert, in der Öffentlichkeit kritisiert zu werden. Trotzdem weicht diese eiserne Regel zusehends auf, da die junge Generation immer weniger auf Höflichkeiten dieser Art achtet.

5 Mann-Frau-Beziehung

Von Männern wird erwartet, dass sie in Restaurants die Rechnung der Frau mitbezahlen. Die Kosten zu teilen, ist sehr ungewöhnlich. Frauen die Tür aufzuhalten, ihnen aus dem Bus zu helfen und körperliche Arbeit abzunehmen, ist üblich.

6 Trinkgewohnheiten

Russen trinken sehr viel Wodka, wobei der Vorgang ritualisiert ist. Man trinkt nicht aus der Flasche und nimmt zwischen zwei Gläsern immer einen Bissen zu sich. Die Trinksprüche sind lang und zahlreich. Sollte man Sie auffordern, einen Toast auszubringen, ist es mit einem *»Za zdorovie!«* (»Auf Ihr Wohl!«) meist nicht getan.

7 Raucher

Russen zählen zu den heftigsten Rauchern der Welt. Die meisten Restaurants haben einen Raucherbereich. Es gibt auch einige rauchfreie Bars und Clubs. In öffentlichen Verkehrsmitteln ist das Rauchen untersagt. Zigaretten sind billig, wobei viele Markenimitate im Umlauf sind. Filterlose russische Zigaretten sind überaus billig.

8 Zu Gast sein

Falls man Sie in eine Privatwohnung einlädt, sollten Sie eine Flasche Alkohol und für die Hausherrin Blumen mitbringen. Russen ziehen zu Hause ihre Schuhe aus und tragen Pantoffeln.

9 Die »raue Schale«

In Büros, Läden und Bahnhöfen gibt es eine Art »raue Schale«, was nichts anderes bedeutet als eine gewisse Unhöflichkeit im Umgang mit Fremden. Menschen, die privat warmherzige, freundliche Wesen sind, verbergen diese Tugenden mit Erfolg, wenn man ihnen in ihrer Funktion als Beamte, Ladenangestellte oder Kartenverkäufer begegnet. Allerdings wandelt sich der Umgang allmählich.

10 In der Kirche

Orthodoxe Kirchen sind Orte der Demut. Es gibt keine Kirchenbänke, sodass man während der Messe stehen muss. Frauen bedecken ihr Haupt, Männer legen ihre Hüte ab. Fotografieren ist in manchen Kirchen verboten, in anderen allerdings gegen Entrichtung einer Gebühr gestattet.

Für Kirchenbesuche ist zurückhaltende Kleidung erforderlich, also langärmlige Oberteile und lange Hosen.

Links **Besucher auf einer Busrundfahrt** Rechts **Ausgaben der *Moskau Times* auf einem Cafétisch**

Top 10 Informationsquellen

1 Websites

Die Websites von *The Moscow Times* und *In Your Pocket Moscow* liefern Veranstaltungstipps und Besucherinfos, während die von *Moscow Info* und *Moscow Taxi* eine breite Palette an allgemeinen Infos bieten.

2 Englischsprachige Zeitungen & Zeitschriften

The Moscow Times und *Moscow News* erscheinen wöchentlich, *In Your Pocket Moscow* monatlich. Alle drei liegen kostenlos in Bars, Restaurants und Hotels aus. *Passport Moscow* ist ein monatlich erscheinendes Lifestyle-Magazin. *www.moscowtimes.com • www.mnweekly.ru • www.inyourpocket.com • www.passportmagazine.com*

3 Fremdsprachiges Radio

Die Radiostation Voice of Russia sendet diverse Programme in vielen Sprachen. Auf der Website finden Sie Sendezeit und Frequenz sowie ein Audio-Archiv. BBC World Service sendet in Russland derzeit zweimal täglich auf Langwelle. *www.ruvr.ru • www.bbc.co.uk/worldservice*

4 Infos für Geschäftsleute

Moskaus World Trade Centre bringt diverse businessrelevante Artikel auf seiner Website. *The Moscow Times* und *Moscow News* haben Wirtschaftsteile. Auf den Websites der Botschaften Deutschlands, Österreichs und der Schweiz *(siehe S. 102)* finden Sie aktuelle Informationen über die wirtschaftliche Situation. *www.wtc.ru*

5 Stadtpläne

Die meisten Hotels verteilen einfache Übersichtspläne des Stadtzentrums. Detaillierte Karten und Straßenkarten erhalten Sie in Buchläden. Viele Karten sind in kyrillischer Schrift gedruckt, aber es gibt auch zweisprachige Ausgaben.

6 Reisebüros

Talarii Travel hat ein breites Angebot. Wer sich für Öko-Tourismus interessiert, sollte die Dersu Uzala Agency kontaktieren. *Talarii Travel: Stadtplan C3; Ulica Novyj Arbat 36/9; (495) 690 9563; www.talarii.ru • Dersu Uzala Agency: Stadtplan L3; Čemilovski pereulok 1, Gebäude 1; (495) 518 5968; www.ecotours.ru*

7 Schwule & Lesben

Homosexualität ist nach wie vor ein Tabu in Russland, dennoch machen sich Schwule und Lesben für die Rechte der Homosexuellen stark. Die Website Gay Russia enthält einen Schwulenführer sowie eine »gay map« genannte Karte von Moskau zum Downloaden. *www.gayrussia.ru*

8 Behinderte Reisende

Moskau ist alles andere als behindertengerecht, doch allmählich tut sich etwas in der Hinsicht. Neue öffentliche Gebäude, Büros und Hotels sind mit Rampen und Fahrstühlen ausgestattet. Das U-Bahn-System ist für Rollstuhlfahrer weiterhin unzugänglich.

9 Stadtrundfahrten

Tägliche Stadtrundfahrten per Bus bieten Capital Tours und Patriaršy Dom Tours, besonders letztere Agentur ist sehr zu empfehlen. Im Sommer verkehren Fähren zwischen den Anlegestellen. *Capital Tours: Stadtplan N3; Gostinyj-Dvor-Gebäude, Ulica Ilyinka 4, Eingang 6; (495) 232 2442; www.capitaltours.ru • Patriaršy Dom Tours: Stadtplan J2; Vspolnyj pereulok 6; (495) 795 0927; www.russiatravel-pdtours.netfirms.com*

10 Kulturzentren

Das American Cultural Centre umfasst eine Bibliothek und ein Kulturzentrum. Es organisiert regelmäßig Events. Im Grint Centre finden Kurse zur russischen Sprache und Kultur statt. *American Cultural Centre: Stadtplan Q4; Library for Foreign Literature, Ulica Nikolojanskaja 1; (495) 777 6530; www.amc.ru • Grint Centre: Stadtplan B2; Ulica Junosti 5/1, Gebäude 6; (495) 374 7430; www.grint.ru*

Die russische Organisation Perspektiva bietet aktuelle Information für behinderte Reisende unter **www.eng.perspektiva-inva.ru**

Links **Bilderverkauf an der Ulica Arbat** Rechts **Einkaufszentrum GUM**

TOP 10 Shopping-Tipps

1 Öffnungszeiten
Die Kernöffnungszeiten der meisten Läden sind Montag bis Samstag von 9 bis 18 Uhr. Größere Geschäfte und Einkaufszentren öffnen meist gegen 10 oder 11 Uhr und schließen erst zwischen 22 und 23 Uhr. Viele kleine Läden haben über Mittag eine Stunde geschlossen.

2 DVDs & CDs
Bis heute sieht man zwar gelegentlich kleine klapprige Stände mit stapelweise raubkopierten CDs und DVDs. Aber die Zeiten, in denen diese in Läden neben viel teureren Originalen verkauft wurden, sind vorbei. Heute gilt Mir Cinema als einer der bestsortierten DVD-Läden in Moskau.
Mir Cinema: Stadtplan P2
• Ulica Marosejka 6/8
• (495) 628 5145

3 Reklamationen
Reklamationen sind in Moskau ein Problem, da die Läden sich generell nicht für die Qualität ihrer Artikel verantwortlich fühlen und unzufriedene Kunden an den Hersteller verweisen. Etwas besser kann es in kleinen Kunsthandwerks- und Souvenirläden zugehen, die aber auch dazu neigen, eher etwas umzutauschen als den Preis zu erstatten.

4 Elektronische Geräte
Alle üblichen elektronischen Geräte kann man in Moskau kaufen. Es gibt aber keinen Grund, dies zu tun, da die Preise in etwa den westeuropäischen entsprechen.

5 Designermarken
Die Boutiquen in der Ulica Petrovka und in der Petrovski Pasaž sowie in den Einkaufstempeln CUM *(siehe S. 86)* und GUM *(siehe S. 64)* sind einige der Adressen für hochwertige Designermarken zu völlig überhöhten Preisen, die oft über denen in London, Paris und Mailand liegen. Wer sein Geld zusammenhalten möchte, sollte sich auf den Schaufensterbummel beschränken.

6 Antiquitätenkauf
Die Ausfuhr von Antiquitäten unterliegt strikten Zollbestimmungen. Für Gemälde, Ikonen und Antiquitäten, die vor 1945 produziert wurden, ist eine Lizenz erforderlich, deren Erwerb kostspielig und zeitaufwendig ist. Druckerzeugnisse von vor 1958 müssen mit einer »Expertise« ausgestattet sein, die man in einigen registrierten Läden bekommt.

7 Sonderangebote
Moskaus Geschäfte veranstalten saisonale Ausverkäufe – ähnlich wie in anderen Städten. Aber angesichts der überhöhten Preise von Designermode sind selbst 50 Prozent Preisnachlass noch viel zu wenig.

8 Feilschen
Die Markthändler an den Souvenirständen rund um den Roten Platz feilschen normalerweise nicht – es sei denn, das Geschäft läuft schlecht. Auf dem Izmajlovo-Markt *(siehe S. 52)* dagegen sind die meisten Händler verhandlungsbereit. Vergleichen Sie die Preise verschiedener Stände, bevor Sie sich ans Feilschen machen.

9 Kassasystem
Das Kassasystem ist ein nervendes Relikt des Kommunismus, das aber dankenswerter Weise nahezu ausgestorben ist. Das System zwingt Kunden dazu, zwei bis drei Mal Schlange zu stehen, um einen einzigen Artikel zu erwerben. In der ersten Schlange erhält man einen Kassenzettel, in der zweiten bezahlt man und erhält einen Beleg, und in der dritten Schlange tauscht man den Beleg gegen den gewünschten Artikel ein.

10 Schnäppchen
Der Izmajlovo-Markt *(siehe S. 52)* ist nicht unbedingt ein Schnäppchen-Paradies. Neben handgemalten Ikonen, die auch in Kirchen und Klöstern verkauft werden, erhält man dort diverse Souvenirs, Drogeriewaren, und kunterbunten Schnickschnack. Raucher können hier eine Packung Zigaretten für 45 Rubel (ca.1 €) kaufen.

Läden & Märkte **siehe S. 52f**

Links **Dreifaltigkeitskirche von Nikitniki** Mitte **Stadtbus** Rechts **Belebter Park im Herbst**

TOP 10 Moskau für wenig Geld

1 Gratis WLAN

Mit Ihrem Laptop können Sie das kostenlose WLAN-Netz der meisten Cafés, Bars und Hotels nutzen. Nur wenige Einrichtungen berechnen eine Gebühr. Manche McDonald's-Filialen bieten ihren Kunden kostenlose Computernutzung mit Internet an.

2 Jugendherbergen & Privatzimmer

Jugendherbergen bieten die günstigsten Unterkünfte in Moskau (ab etwa 15 € pro Nacht im Schlafsaal bzw. ca. 30 € im Zweibettzimmer). Die Schlafsäle sind gemischt und einigermaßen sauber. Privatzimmer sind ebenfalls eine günstige Option, die aber meist nur Teilnehmern eines Sprachkurses angeboten wird. *www.hofa.ru*

3 Parks

Es gibt in Moskau unzählige große Parks *(siehe S. 45)*. Der Gorki-Park liegt am zentralsten und hat einen Rummel. Der Izmajlovo-Park ist einer der größten, Kolomenskoje einer der schönsten. Im Winter werden Moskaus Teiche und Seen zu Eisbahnen umfunktioniert.

4 Mittagsmenüs/ Buffets

Mittagsmenüs sind eine günstige Option in dieser teuren Stadt. Die meisten Restaurants bieten an Wochentagen zwischen 12 und 16 Uhr ein festes Menü aus Softdrink, Vorspeise, Hauptgericht und Dessert. Preisgünstig sind auch Buffets, in denen man einen Teller »bezahlt« und dafür unbegrenzte Mengen essen darf. Šeš Beš *(siehe S. 93)* hat eine sehr gute Salatbar.

5 Verkehrsmittel

Für etwa 40 Rubel (ca. 1 €) können Sie mit Bus, Tram oder Trolleybus die ganze Stadt durchqueren. Eine der empfehlenswertesten Buslinien ist die 119. Sie beginnt an der U-Bahn-Station Kievskaja und fährt bis zur Moskauer Staatsuniversität *(siehe S. 97)*. Der Trolleybus Nr. 7 fährt von der Haltestelle Park Pobedy bis Kamennyj Most neben dem Kreml.

6 Studentenermäßigung

Mit einem internationalen Studentenausweis bekommt man bis 50 Prozent Ermäßigung in allen staatlichen Museen und Galerien. Mit russischem Studentenausweis bezahlt man sogar noch weniger. Studenten profitieren außerdem von Ermäßigungen in Zügen und öffentlichem Nahverkehr sowie für Konzert- und Theaterkarten.

7 Kirchen

Obwohl Stalin etwa 400 der historischen Kirchen Moskaus zerstörte, gibt es immer noch viele Gotteshäuser. Sie sind öffentlich zugänglich. Nur für die Basiliuskathedrale *(siehe S. 8f)* wird Eintrittsgeld erhoben.

8 U-Bahn-Sightseeing

Man kann einen ganzen Tag damit verbringen, das prächtige Metro-System Moskaus *(siehe S. 24f)* zu erleben. Baubeginn war in den 1930er Jahren, bis heute wird an Erweiterungen in die Vororte gebaut.

9 Imbissstände

Imbissstände und Märkte bieten das günstigste Essen unterwegs. Im Angebot sind Köstlichkeiten wie frische *bliny* (Pfannkuchen), Hotdogs, chinesische Nudelgerichte und *pirogi* (Gemüsetorten). Kebab sollte man meiden, da die schlechten Hygienestandards der Stände berüchtigt sind.

10 Schaufensterbummel

In Moskau hat man jede Menge Möglichkeiten, einen Schaufensterbummel zu unternehmen. Sie können etwa die Auslagen von eleganten Boutiquen in Luxustempeln wie dem GUM *(siehe S. 64)* und dem CUM *(siehe S. 86)* bewundern, die die exklusivsten Marken der Welt führen. Oder sie schlendern gemütlich über die bunten Märkte in Dorogomilovski und Izmajlovo *(siehe S. 52)*.

Hotel- & Restauranttipps **siehe S. 111**

Links **Apotheke** Mitte **Polizeiwagen** Rechts **Feuerwehr**

Top 10 Sicherheit & Gesundheit

1 Persönliche Sicherheit

Kreditkarten und Bargeld sollten Sie in einem versteckten Geldgürtel tragen und ein wenig Bargeld im Portmonnaie lassen, das Sie im Ernstfall abgeben könnten. Tragen Sie eine Kopie Ihres Passes bei sich und gehen Sie spätabends nicht allein nach draußen *(siehe S. 110)*.

2 Allein reisende Frauen

Obwohl man oft Russinnen sieht, die sich Taxis am Straßenrand heranwinken, sollten allein reisende Frauen dies nicht tun. Die Frauentaxi-Services von Pink Taxi und Ladies Red Taxi sind dagegen sehr empfehlenswert *(siehe S. 103)*. Frauen, die allein in Nachtclubs gehen, werden oft für Prostituierte gehalten und deswegen unter Umständen von den Türstehern beleidigt.

3 Im Notfall

Polizei, Feuerwehr und Krankenwagen haben Notrufnummern (Feuerwehr: 01; Polizei: 02; Krankenwagen: 03). Allerdings sprechen die Angestellten der Telefonzentralen meist nur Russisch, so dass Sie Einheimische um Hilfe bitten sollten.

4 Polizei

Um Moskaus Polizei macht man am besten einen großen Bogen – es sei denn, man steckt in ernsthaften Schwierigkeiten. In diesem Fall sollten Sie lautstark auf sich aufmerksam machen.

5 Diebstahl

Moskaus Gewaltkriminalität ist im Vergleich zu der anderer Hauptstädte relativ gering. Dafür gibt es unglaublich viel Diebstahl, sodass man ständig auf der Hut sein muss *(siehe S. 110)*. Wertsachen hinterlegt man am besten im Hotelsafe, Kamera und Brieftasche trägt man möglichst diskret.

6 Terrorismus

Ab Ende der 1990er Jahre war Moskau eine Zeit lang Ziel terroristischer Anschläge, darunter 2002 der Belagerung des Dubrovka-Theaters *(siehe S. 33)*. Damals strebten tschetschenische Separatisten die Gründung eines unabhängigen Staates an. Seit dem Ende des Tschetschenienkriegs hat die Zahl der Anschläge jedoch kontinuierlich abgenommen.

7 Gesundheit

Besucher sollten Mineralwasser aus Flaschen trinken oder Leitungswasser vor dem Gebrauch abkochen. Relativ häufig kommt es zu Lebensmittelvergiftungen, die man aber am besten vermeidet, indem man sich häufig die Hände wäscht. Fragen Sie vor der Reise Ihren Arzt nach eventuellen Impfungen.

8 Medizinische Versorgung

Russische Krankenhäuser bieten allen Besuchern eine kostenlose Grundversorgung, allerdings ist der medizinische Standard wahrscheinlich geringer als in Ihrer Heimat. Besucher sollten eine Reisekrankenversicherung abschließen, die die Behandlung in Privatpraxen erlaubt, da diese höheren Standard bieten.
American Clinic: Stadtplan G1; Grocholski pereulok 31; (495) 937 5757
• European Medical Centre: Stadtplan K2; Spiriodonevski pereulok 5; (495) 933 6655

9 Apotheken

Die *Apteka* (Apotheke) erkennt man am grünen Kreuz. Sie führt eine breite Produktpalette. Wer auf verschreibungspflichtige Medikamente angewiesen ist, sollte ein Rezept mitbringen. Die rund um die Uhr geöffneten Filialen der Apothekenkette 36.6 findet man überall in der Stadt. Taxifahrer wissen meist, wo. *Stadtplan D2: Ulica Tverskaja-Jamskaja 8/1 • Stadtplan K4: Novyj Arbat 15 • Stadtplan R2: Zemljanoj val 25*

10 Versicherung

Eine Krankenversicherung ist für Russlandreisende Pflicht. Manche Anbieter bezahlen direkt vor Ort, sodass man die Kosten nicht vorstrecken und danach zu Hause einreichen muss.

Weitere Informationen zu der rund um die Uhr geöffneten Apothekenkette 36.6 finden Sie unter **www.366.ru**

Links **Schild der Post** Mitte **Internetcafé** Rechts **Geldautomat**

TOP 10 Geld & Kommunikation

1 Währung
Russlands Währung ist der Rubel (Rub), der in 100 Kopeken unterteilt wird. Obwohl sich der Rubel nach der Finanzkrise von 1998 stabilisiert hat, verlor er im Zuge der Weltwirtschaftskrise von 2008/09 massiv an Wert. Russische Rubel werden nicht im Ausland verkauft, d.h. Besucher müssen sie im Land erwerben.

2 Kreditkarten
In den meisten größeren Restaurants, Hotels und Supermärkten kann man mit Kreditkarte bezahlen, nicht aber in kleineren Läden. Machen Sie sich eine Fotokopie Ihrer Kreditkarten. Verlorene oder gestohlene Kreditkarten sollten umgehend dem Anbieter gemeldet werden.

3 Bankautomaten
Bankautomaten sind hier ebenso verbreitet wie in allen anderen Großstädten. Man kann dort Rubel, Dollar und Euro abheben. Meiden Sie Automaten, die nicht an Banken angeschlossen sind, da dort niemand bereitsteht, der Ihnen Ihre Karte zurückgibt, falls der Automat sie einzieht.

4 Geldwechsel
Im Stadtzentrum findet man viele kleine Wechselstuben. Die meisten verlangen keine Kommission, informieren Sie sich aber vorab über den Kurs. In Banken und Hotels wechselt man am sichersten, aber auch am teuersten.

5 Reiseschecks
Die Bank of Moscow löst Reiseschecks von American Express gebührenfrei ein, die meisten anderen Banken berechnen drei Prozent Gebühr. Auch einige größere Hotels können Reiseschecks eintauschen, berechnen dafür aber eine stattliche Kommission. ✆ *Bank of Moscow: Stadtplan M1 • Ulica Tverskaja 8 • (495) 299 2010*

6 Internationale Geldtransfers
Internationale Geldtransfers werden über Western Union in den meisten russischen Banken binnen weniger Minuten abgewickelt und in US-Dollar ausbezahlt. Der Empfänger muss sich ausweisen können. ✆ *www.westernunion.ru*

7 Telefone & Vorwahlnummern
Öffentliche Fernsprecher gibt es überall in der Stadt. Einige nehmen Münzen, für andere braucht man Telefonkarten, die man in U-Bahn-Stationen, Banken, Postämtern und Zeitungskiosken bekommt. Die Stadtvorwahl lautet fast im gesamten Stadtgebiet 495, nur einige Stadtteile benutzen stattdessen die 499. Wer innerhalb Russlands einen Anschluss in einer anderen Stadt anruft, wählt erst die 8 und dann Stadtvorwahl und Anschlussnummer. Für Auslandsgespräche wählt man die 8, danach die 10 und die entsprechende Landesvorwahl.

8 Mobiltelefone
Wenn Sie Ihr Mobiltelefon nach Russland mitnehmen möchten, erkundigen Sie sich vor der Reise bei Ihrem Mobilfunkanbieter nach den erforderlichen technischen Voraussetzungen und anfallenden Kosten. Kaufen Sie sich gegebenenfalls eine russische SIM-Karte.

9 Internet
Die Mitnahme eines Laptops ist zu empfehlen, fast alle Hotels, Bars und Cafés bieten – meist kostenlos – WLAN. Es gibt in Moskau Unmengen an Internetclubs . Am zentralsten gelegen ist der 24 Stunden täglich geöffnete TimeOnline Internet Club in der Manež Mall *(siehe S. 86)*.

10 Post
Das russische Postwesen ist wegen seiner Langsamkeit berüchtigt. Internationale Sendungen sind zwischen zwei und vier Wochen unterwegs, bis sie ihren Adressaten erreichen. DHL betreibt eine Niederlassung im Mariott Grand Hotel. ✆ *Hauptpost: Stadtplan P1; Ulica Mjasnickaja 26/2 • DHL: Stadtplan E2; Ulica Tverskaja 26; (495) 956 1000; www.dhl.ru*

Telefonvorwahl von Russland: 007

Links **Beim Anhalten eines Taxis** Mitte **Polizeikontrolle** Rechts **Inoffizieller Taxistand**

TOP 10 Vorsicht!

1 Polizei

In Moskau herrscht zwar starke Polizeipräsenz, aber auch hier gilt – solange Sie keine Gesetze übertreten, sollte es kein Problem mit ihr geben. Im Falle einer Kontrolle sollten Sie immer Kopien Ihres Passes und Visums vorweisen und nicht die Originaldokumente.

2 Betrüger

Immer wieder treiben in Moskau Betrügerbanden ihr Unwesen. Eine besonders beliebte Masche ist das scheinbar versehentliche Fallenlassen einer prall gefüllten Brieftasche, die Ihnen – sollten Sie sie aufheben wollen – großen Ärger bereiten wird. Meiden Sie Ausländer, die vorgeben, in Not geraten zu sein, und Sie um Hilfe bitten. Seien Sie vorsichtig, wenn Fremde Sie ansprechen.

3 Geldwechsler

Wechseln Sie niemals Geld bei einem Straßenhändler, auch nicht zu einem noch so günstigen Wechselkurs. Die Gefahr ist hoch, dass man Sie betrügen oder ausrauben wird. Wechseln Sie Geld besser in Banken, Hotels oder Wechselstuben.

4 Auffallen

Auch wenn es selbstverständlich klingt: Je weniger Sie auffallen, desto besser. Meiden Sie lautes Sprechen in einer Fremdsprache, und gehen Sie nicht mit dem Stadtplan in der Hand durch die Gegend. Am besten kauft man sich eine russische Zeitung und klemmt sie sich unter den Arm.

5 Billige Zimmerangebote

Oft sieht man private Aushänge mit unglaublich günstigen Unterkünften im Stadtzentrum. Gehen Sie einem solchen Angebot nicht auf den Leim, denn meist werden auf die vermeintlichen Billigtarife extrem hohe Vermittlungsgebühren aufgeschlagen.

6 Taxis ohne Fahrpreisabsprache

Alle offiziellen Taxis in Moskau haben Taxameter *(siehe S. 103)*, von denen manche allerdings so veraltet sind, dass der Fahrer lieber einen Preis mit Ihnen aushandeln wird. Fahren Sie erst los, nachdem Sie sich auf einen Preis geeinigt haben, sonst erleben Sie am Ende möglicherweise eine böse Überraschung.

7 Fahrer ohne Taxi

Meiden Sie Taxifahrer, die Ihnen anbieten, sie mit ihrem in der Nähe geparkten Wagen zu transportieren. Besonders vor Restaurants, Nachtclubs, Bahnhöfen und Flughäfen begegnet man solchen Angeboten, die meist Ärger bringen. Halten Sie lieber nach der nächsten Warteschlange Ausschau, oder halten Sie ein fahrendes Taxi an.

8 Überlaufene Gegenden

Meiden Sie große Menschenansammlungen oder Fahrten in überfüllten Verkehrsmitteln, insbesondere im Stadtzentrum. Taschendiebe gehen gerne in Bussen und Trambahnen auf Beutezug. Sie schlitzen Taschen mit einem Messer auf, schnappen sich den Inhalt und steigen an der nächsten Haltestelle aus. Behalten Sie Ihre Tasche im Auge und tragen Sie Wertsachen diskret versteckt.

9 Öffentliche Toilettenhäuschen

Im Stadtzentrum sieht man viele mobile Plastiktoiletten, die man nicht aufsuchen sollte. Gehen Sie lieber in das nächstgelegene Hotel oder Restaurant und fragen Sie, ob Sie dort die Toilette benutzen dürfen, oder suchen Sie die nächste McDonald's-Filiale auf.

10 Straßen überqueren

Autofahrer in Moskau betrachten die Ringstraße offenbar als ihre persönliche Rennstrecke. Auch an Ampeln hat man kaum genug Zeit, die andere Straßenseite zu erreichen, sodass man auf halber Strecke stehen bleiben muss. Nervenschonender ist der Weg durch die Unterführung.

Telefonnummern sicherer Taxiunternehmen **siehe S. 103**

Links **Salat in einem vegetarischen Restaurant** Rechts **Gäste im Ludi Kak Ludi**

TOP 10 Hotel- & Restauranttipps

1 Trinkgeld
Trinkgeld zu geben, ist in Restaurants zwar kein Muss, trotzdem sind 10–15 Prozent des Rechnungsbetrags angemessen. Restaurants, die eine Servicegebühr berechnen, erwähnen dies auf der Speisekarte und weisen sie auf der Rechnung aus.

2 Mit Kindern reisen
Hochstühle in Restaurants und Kinderbetten in Hotels sind in Moskau nicht selbstverständlich. Russen sind aber sehr freundlich zu Kindern und meist auch hilfsbereit. Die Stadt bietet zahlreiche vergnügliche und interessante Aktivitäten für Kinder *(siehe S. 54f)*.

3 Hotelauswahl
Moskau hat eine breite Palette an Unterkünften, die von Privatzimmern und Jugendherbergen bis zu luxuriösen Hotels reicht. Da viele Mittelklassehotels fernab des Zentrums in Wohnblöcken aus der Sowjetzeit liegen, sollte man sich jedoch vorher über die Verkehrsanbindung informieren.

4 Lage
Einer der wichtigsten Aspekte bei der Hotelauswahl ist die Lage in der Nähe einer Metro-Station. Die letzten U-Bahnen verkehren um 1 Uhr. Wer gerne noch bis spätnachts ausgehen möchte, sollte sich aus diesem Grund für ein zentral gelegenes Hotel entscheiden.

5 Reservierung
Es lohnt sich, die Unterkunft im Voraus zu buchen, wenn man wegen der Zimmersuche nicht endlos in der Stadt umherlaufen will. Man kann Hotelzimmer über zahlreiche Online-Portale reservieren. Meist muss man vorab eine kleine Anzahlung leisten und den Rest dann bei der Ankunft im Hotel (Vorsicht vor Anbietern, die die Gesamtsumme im Voraus einfordern!). Die meisten größeren Hotels verfügen über Websites mit Reservierungsoptionen.

6 Zimmertarife
Die Zimmertarife sind fix und meist den Websites der Hotels zu entnehmen. Die älteren Hotels aus der Sowjetzeit bieten Ausländern renovierte Zimmer zu höheren Preisen an. Wer wenig Geld ausgeben möchte, muss sich an die muffigen Zimmer mit Sowjetdekor halten. Das Frühstück ist meist im Preis inbegriffen, die Qualität des Essens variiert. Zwischen Juli und September lassen die Preise ein wenig nach.

7 Vegetarisches Essen
Die russische Küche ist fleischlastig. Sogar die Salate enthalten oft Fleisch. Trotzdem gibt es in den meisten Restaurants auch diverse vegetarische Salate, Suppen und Beilagen. Japanische Restaurants und Pizzerien bieten eine große Auswahl vegetarischer Speisen. In jüngster Zeit eröffnen immer mehr vegetarische Restaurants in der Stadt. So bietet etwa das Jagannath *(siehe S. 72)* kreative indische Gerichte ohne Fleisch.

8 Mittagsmenüs
Die überwiegende Mehrzahl der Restaurants bietet an Wochentagen sehr preiswerte Mittagsmenüs *(siehe S. 107)*.

9 Nationale Küchen
Moskaus Sushi-Welle hat Hunderte japanische Restaurants in die Stadt gebracht. Darüber hinaus findet man fast in jedem Lokal Sushi auf der Speisekarte. Zum Glück gibt es aber auch viele Alternativen dazu. Italienische, französische und georgische Küche sind schon lange beliebt, ebenso usbekische, indische, chinesische, vietnamesische, türkische und libanesische Küche. Traditionell Russisches ist selbstverständlich überall zu haben.

10 Rauchen
Ein Rauchverbot in öffentlichen Einrichtungen ist im Gespräch, was bei der hohen Zahl an Rauchern nicht gut ankommt. Derzeit gibt es noch Raucherbereiche in Restaurants.

Russlands kulinarischer Ruf beruht vor allem auf Eintöpfen aus Kartoffeln und Wintergemüse wie Kohl und Rote Bete.

Links **Trans-Sibirisches Hostel** Mitte **HM Hostel** Rechts **Comrade Hostel**

TOP 10 Jugendherbergen

1 Moscow Home Hostel

Unweit vom Stadtzentrum befindet sich diese gepflegte Anlage mit Schlafsälen und Einzelzimmern. Es gibt dort ausreichend Badezimmer, kostenloses WLAN sowie Tee und Kaffee. *Ⓢ Stadtplan J6 • 2-oj Neopalimojski pereulok 1/12 • (495) 778 2445 • U-Bahn: Park Kultury • www.moshostel.com • €*

2 Napoleon Hostel

Das Napoleon hat modernes Interieur und geräumige, saubere Mehrbettzimmer sowie im Speiseraum Bar, WLAN und Computer. Die hilfsbereiten Mitarbeiter verteilen Stadtpläne und Reisetipps. *Ⓢ Stadtplan P2 • Ulica Maly Zlatoustinski 2, 4. Stock • (495) 628 6695 • U-Bahn: Kitaj Gorod • www.napoleonhostel.com • €*

3 Comrade Hostel

Das in einem perfekt gepflegten Wohnblock aus dem 19. Jahrhundert gelegene Hostel ist modern eingerichtet. Kostenloser Internet-Zugang. *Ⓢ Stadtplan P2 • Ulica Marosejka 11, 3. Stock • (495) 628 3126 • U-Bahn: Kitaj Gorod • www.comradehostel.com • €*

4 Godzilla's Hostel

Das Godzilla's hat Einzelzimmer mit Bad sowie Zwei- und Mehrbettzimmer. Zur modernen Ausstattung gehören u. a. drei Küchen, Bäder und Waschmaschine. *Ⓢ Stadtplan E2 • Bolšoj Karetnyj 6, Apt. 5, 1. Stock • (495) 699 4223 • U-Bahn: Cvetnoj Bulvar • www.godzillashostel.com • €€*

5 Hostel Number One

Es ist zwar nicht die stimmungsvollste Unterkunft, dafür sind die Zimmer groß. Die freundlichen Mitarbeiter veranstalten Stadtführungen und helfen bei der Reiseplanung. *Ⓢ Stadtplan A1 • Ulica Časovaja 27/12, Zimmer 40, 4. Stock • (495) 156 7687 • U-Bahn: Sokol • www.sherstone.ru • €€*

6 Yellow Blue Bus Hostel

Die in einem Apartment gelegene gemütliche Herberge bietet Internet, eine Küche und einen Gemeinschaftsbereich. Gäste erhalten einen Schlüssel, da das Hostel nicht rund um die Uhr mit Mitarbeitern besetzt ist. *Ⓢ Stadtplan D2 • Ulica Tverskaja-Jamskaja 5, Apt. 8 • (495) 250 1364 • U-Bahn: Majakovskaja • www.ybbhostel.com • €*

7 Trans-Sibirisches Hostel

Wenige Schritte vom angesagten Viertel Čistye Prudy bietet die Jugendherberge Doppelzimmer, Frauenschlafsäle und gemischte Schlafsäle. Die Mitarbeiter arrangieren Flughafentransfers und buchen Zug- und Flugtickets. *Ⓢ Stadtplan R2 • Baraševski pereulok 12 • (495) 916 2030 • U-Bahn: Kitaj Gorod • www.transsiberianhostel.com • €*

8 Sweet Moscow Hostel

Im Herzen von Moskaus Altstadt liegt dieses Hostel inmitten von Bars, Restaurants und Cafés. Die Zimmer sind makellos sauber. Tee, Kaffee und russisches Gebäck gibt es gratis. *Ⓢ Stadtplan J4 • Ulica Arbat 51, Apt. 31 • (495) 420 3446 • U-Bahn: Smolenskaja • www.sweetmoscow.com • €*

9 Home From Home Hostel

Die Besitzer haben den Charme der Wohnung aus dem 19. Jahrhundert erhalten, indem sie den Putz von den Wänden geschlagen und die originalen Tür- und Fensterrahmen aus Holz freigelegt haben. Die angenehme, legere Unterkunft ist wunderbar zentral gelegen. *Ⓢ Stadtplan J4 • Ulica Arbat • (495) 229 8018 • U-Bahn: Smolenskaja • www.home-fromhome.com • €€*

10 HM Hostel

Das feine Hostel mit hohen Decken und einer Mischung aus Alt und Neu liegt nahe an einem Park. Es gibt gemischte Schlafsäle und solche für Frauen, Kochgelegenheit, Lounge, Computer und Internet. *Ⓢ Stadtplan K4 • Gogoljevski bulvar 33/1, Apt. 14 • (495) 691 8390 • U-Bahn: Arbatskaja • www.hostel-moscow.com • €*

Über die Website von Hostel Number One kann man auch Privatzimmer bei russischen Familien buchen.

Preiskategorien

Die Preise gelten pro Person und Nacht im Standard-Doppelzimmer, inkl. Steuern und Gebühren.

€	unter 60 €
€€	60–120 €
€€€	120–200 €
€€€€	200–300 €
€€€€€	über 300 €

Links **Apartment, Uncle Pasha** Rechts **Kita Inn Bed & Breakfast**

TOP 10 Agenturen, B&Bs & Apartments

1 Samovar Bed & Breakfast

Diese charmante Unterkunft mit ihrer kuriosen Mischung aus sowjetischen und modernen Möbeln ist eines der wenigen Moskauer B&Bs. Die Zimmer zieren Malereien und Skulpturen einheimischer Künstler. ✆ *Stadtplan E2 • Ulica Staropimenovski pereulok 16, Apt. 54 • (495) 772 4002 • U-Bahn: Majakovskaja • www.samovarmoscow.com • €€€*

2 Kita Inn Bed & Breakfast

Dieses zentral gelegene B&B blickt auf einen grünen Hinterhof. Es ist komfortabel eingerichtet und bietet ein großzügiges Frühstück. ✆ *Stadtplan D2 • Ulica Jamskaja-Tverskaja 2, Gebäude 6/7, Eingang 5, Apt. 9 • (092) 6664 4118 • U-Bahn: Majakovskaja • www.kitainn.com • €€*

3 Uncle Pasha

Hinter dem Namen verbirgt sich ein überaus hilfsbereiter Mensch, der eine Website mit Informationen für Moskau-Reisende betreibt. Außerdem vermietet Uncle Pasha eine zentral gelegene Wohnung. ✆ *Stadtplan P5 • Ovčinnikovskaja nab. 8, kv. 508 • (910) 932 5546 • www.unclepasha.com • €€*

4 Moscow Apartments

Moscow Apartments bietet eine breite Palette an Wohnungen in der ganzen Stadt. Es gibt Rabatte für Langzeitvermietungen. Alle Wohnungen sind chic eingerichtet und haben Highspeed-Internet sowie Kabelfernsehen. Buchen kann man telefonisch oder über das Internet. In jedem Fall muss eine Anzahlung von 15 Prozent geleistet werden. ✆ *(495) 662 8753 • www.moscow-apartments.net • €€–€€€€*

5 Arenda

Die Apartments sind zwar nicht luxuriös, aber dafür makellos sauber und sehr günstig gelegen. ✆ *(926) 236 4545 • www.arenda2000.ru • €€*

6 Rick's Apartments

Die vom Amerikaner Rick seit 1996 angebotenen Apartments sind alle zentral gelegen und komfortabel eingerichtet. Die meisten sind mit Computer und Internet ausgestattet und verfügen über eine Waschmaschine. Rick besorgt seinen Gästen Visa und meldet sie nach der Ankunft bei den Behörden. ✆ *(495) 741 7606 • www.enjoymoscow.com • €€–€€€€*

7 Astor Apartments

Die von einer deutschen Firma angebotenen Astor Apartments sind preislich, größenmäßig sowie hinsichtlich Lage und Standard breit gefächert. Alle sind mit Internet, Kabelfernsehen, Küche und Waschmaschine ausgestattet. Sie können entweder telefonisch oder auch per Internet buchen. ✆ *(495) 228 1475 • www.astor-apartments.com • €€–€€€€*

8 Welcome to Russia

Die von Welcome to Russia angebotenen Apartments sind sauber und komfortabel eingerichtet; einige eignen sich für bis zu sieben Personen. Buchungen nimmt man am besten über die Website vor. ✆ *(495) 937 4685 • www.welcome-to-russia.com • €€–€€€€*

9 Apartments Moskau

Diese eher exklusiv ausgestatteten Apartments sind teilweise mit Antiquitäten und Holzfußböden eingerichtet. Alle befinden sich in zentraler Lage. ✆ *Stadtplan A2 • Leninski Prospekt 29, Suiten 401–408 • (495) 956 4422 • www.apartmentsmoscow.com • €€€*

10 Moscow Comfort

Diese kleine Agentur hat sechs Apartments in ihrem Angebot. Diese sind am oberen Ende der Ulica Tverskaja gelegen. Die sauberen, einfach eingerichteten Wohnungen sind mit Computer, Drucker und Internet ausgestattet. Die Besitzer bieten ihre tatkräftige Unterstützung beim Visumsantrag an und vermieten außerdem Handys. ✆ *(495) 545 7597 • www.moscow-comfort.com • €€€*

Hotel-Tipps **siehe S. 111**

Links **Hotel Akademičeskaja** Mitte **Hotel Sputnik** Rechts **Fassade des Zolotoj Kolos**

TOP 10 Mittelklassehotels der Sowjet-Ära

1 Akademičeskaja

Der 1972 für die Besucher der Allrussischen Akademie der Wissenschaften errichtete Betonbau ist relativ billig und zentral. Meiden Sie die unrenovierten Zimmer. *Stadtplan E6 • Ulica Donskaja 1 • (495) 959 8157 • U-Bahn: Oktjabrskaja • www.akademičeskaja.ru • €€*

2 Sputnik

Der Sowjetbau wurde 1968 errichtet und 2006 komplett renoviert. Die Zimmer sind klein, aber das Frühstück ist exzellent. Von den oberen Zimmern hat man einen herrlichen Ausblick. *Stadtplan A2 • Leninski prospekt 38 • (495) 930 2287 • U-Bahn: Leninski prospekt • www.hotelsputnik.ru • €€€*

3 Tourist

Der weitläufige Komplex aus Gebäuden der 1950er Jahre bietet Zimmer von Standard (nicht renoviert) bis Luxus (renovierte Zimmer und Bäder). *Stadtplan B1 • Ulica Selkochozjajstvennaja 17/2 • (495) 737 7910 • U-Bahn: Botaničeski Sad • www.hoteltourist.ru • €€€*

4 Central Tourist House

Das 33 Stockwerke hohe Gebäude von 1980 wurde renoviert und präsentiert sich seither innen überraschend chick und modern. Die Ausstattung umfasst Schwimmbad, Sauna und Fitness-Center. Die Aussicht aus den oberen Etagen ist atemberaubend. *Stadtplan A3 • Leninski Prospekt 146 • (495) 737 7910 • U-Bahn: Jugo Zapadnaja • www.hotelcdt.ru • €€€*

5 Vostok

In der Nähe des Allrussischen Ausstellungszentrums *(siehe S. 96)* belegt das Vostok einige Gebäude im Grünen. Es ist altmodisch aber chic. Das Personal ist sehr freundliche. *Stadtplan B1 • Ulica Gostiničnaja 9a, Gebäude 3 • (495) 482 1345 • U-Bahn: Vladykino • www.vostokhotel.ru • €€*

6 Zolotoj Kolos

Das 1954 gleichzeitig mit dem Ausbau des Allrussischen Ausstellungszentrums gebaute Hotel wurde inzwischen renoviert. Die Zimmer haben Minibar, Kühlschrank und Klimaanlage. *Stadtplan B1 • Ulica Jaroslavskaja 15, Gebäude 1–8 • (495) 617 6356 • U-Bahn: VDNCh • www.zkolos.ru • €€*

7 Universitetskaja

Das Betongebäude liegt in einem ruhigen Wohngebiet. Die Zimmer sind gepflegt, die nicht renovierten sind zu Schnäppchenpreisen zu haben. Die nächstgelegene U-Bahn-Station ist nur per Taxi oder Bus erreichbar. *Stadtplan A2 • Mičurinski prospekt 8/29 • (495) 939 9215 • U-Bahn: Universitetskaja • €€–€€€*

8 Izmajlovo

Das 1979 für die Athleten der Olympischen Spiele 1980 errichtete Wolkenkratzer-Ensemble kann bis zu 10 000 Gäste aufnehmen. Die Zimmer sind zwar recht einfach, aber auch behaglich. Man blickt auf einen See im Izmajlovo Park *(siehe S. 98)*. *Stadtplan B2 • Izmajlovskoje šosse 71 • (495) 737 7910 • U-Bahn: Izmajlovski Park • www.hotelizmailovo.ru • €€*

9 Kosmos

Der halbmondförmige Hotelblock wurde 1979 von französischen Architekten gebaut. Die meisten der 1777 Zimmer wurden renoviert und entsprechen mittlerweile dem Vier-Sterne-Status. Die Ausstattung umfasst ein Schwimmbad, einen Konzertsaal und eine Kegelbahn. *Stadtplan B1 • Mira Prospekt 150 • (495) 956 0642 • U-Bahn: VDNCh • www.hotelcosmos-moscow.com • €€€*

10 Junost

Das während des Kommunismus von sowjetischen Jugendorganisationen und Gastdelegationen aus dem Ausland genutzte Junost wurde 1961 gebaut. Das Interieur ist weitgehend sowjetisch, aber es gibt auch einige renovierte Zimmer. *Stadtplan C6 • Ulica Chamovničeski val 34 • (495) 242 4860 • U-Bahn: Sportivnaja • www.hotelyunost.ru • €€*

Beachten Sie: Die Hotelbuchung muss vor Beantragung des Visums erfolgen.

Bibliothek im Katerina City

Preiskategorien

Die Preise gelten pro Person und Nacht im Standard-Doppelzimmer, inkl. Steuern und Gebühren.

€	unter 60 €
€€	60–120 €
€€€	120–200 €
€€€€	200–300 €
€€€€€	über 300 €

TOP 10 Business-Hotels

1 Belgrad

Das Belgrad ist ein von auffallender Neonbeleuchtung geprägter Hotelbau. Es steht gegenüber dem stalinistischen Außenministeriumsgebäude *(siehe S. 77)*. Das Hotel hat ein Konferenzzimmer mit 60 Plätzen und einen Bankettsaal. *Stadtplan J5 • Ulica Smolenskaja 8 • (499) 248 3125 • U-Bahn: Smolenskaja • www.hotel-belgrad.ru • €€€*

2 Budapest

Das Hotel befindet sich in einer Villa aus dem 19. Jahrhundert und ist im Stil jener Zeit eingerichtet. Zur Ausstattung gehört ein Konferenzzimmer. *Stadtplan M1 • Petrovskie Linii 2/18 • (495) 623 2356 • U-Bahn: Teatralnaja • www.hotel-budapest.ru • €€€€€*

3 Renaissance

Das große Hotel hat über 400 gut ausgestattete Zimmer, Konferenzeinrichtungen, Schwimmbad und Fitness-Center. Ein Nachteil ist die Entfernung zum Stadtzentrum. Es gibt aber einen kostenlosen Shuttle-Bus zum Kreml. *Stadtplan A1 • Olimpijski prospekt 18/1 • (495) 777 1938 • U-Bahn: Rižskaja • www.hotel-renessans.ru • €€€€€*

4 Aerostar

Das für die Olympiade 1980 konzipierte Aerostar wurde erst 1989 gebaut. Mit seiner Betonfassade wirkt es nicht sehr einladend, aber das Interieur ist Vier-Sterne-Niveau für internationale Geschäftsreisende. Es gibt zwölf Konferenzsäle, ein Fitness-Center und Restaurants. *Stadtplan A1 • Leningradski prospekt 37, Gebäudo 9 • (495) 988 3131 • U-Bahn: Dinamo • www.aerostar.ru • €€€€*

5 Arbat

Das in einer ruhigen Nebenstraße angenehm gelegene Arbat ist ein wunderbares modernes Anwesen nahe der Ulica Arbat. Die Zimmer sind groß, der Service ist großartig. Bis zu 200 Gäste kann das Hotel aufnehmen. Es hat vier Konferenzsäle. *Stadtplan J5 • Plotnikoj pereulok 12 • (499) 271 2801 • U-Bahn: Smolenskaja • www.president-hotel.ru • €€€€*

6 Proton

Das für Geschäftsleute gedachte Proton liegt weit vom Zentrum entfernt, aber in der Nähe von Moskaus Messehallen. Die Zimmer und Konferenzräume sind bestens ausgestattet. Ein Shuttle-Bus bringt die Gäste zur nächsten U-Bahn-Station. *Stadtplan A2 • Ulica Novozavodskaja 22 • (495) 797 3300 • U-Bahn: Fili • www.protonhotel.ru • €€€*

7 Peking

Das im stalinistischen Zuckerbäckerstil der 1950er Jahre gebaute Peking bietet renovierte Zimmer im Vier-Sterne-Standard, aber auch einige, die noch sowjetisches Flair verströmen. Konferenzraum und Fitness-Center sind vorhanden. *Stadtplan D2 • Ulica Bolšaja Sadovaja 5 • (495) 231 3167 • U-Bahn: Majakovskaja • www.hotelpekin.ru • €€€€*

8 Maxima Slavia

Das brandneue Business-Hotel besitzt einen Konferenzsaal und ein Geschäftszentrum mit hochmoderner Ausstattung. Ein Shuttle bringt die Gäste zur nächsten U-Bahn-Station. *Stadtplan B1 • Ulica Gostinichnaja 4/9 • (495) 788 7278 • U-Bahn: VDNKh • www.maximahotels.ru • €€*

9 Katerina City

Das moderne Business-Hotel mit skandinavischer Einrichtung liegt am Moskauer Geschäftsviertel und zehn Gehminuten von der nächsten U-Bahn-Station entfernt. *Stadtplan G5 • Šljuzovaja nab. 6 • (495) 933 0401 • U-Bahn: Paveleckaja • www.katerina.msk.ru • €€€*

10 Iris

Das Iris verfügt über hervorragende Einrichtungen für Geschäftsreisende, liegt aber fernab des Zentrums oder einer U-Bahnlinie. Es bietet einen Shuttle von der Ulica Tverskaja. *Stadtplan A1 • Korovinskoje šosse 10 • (495) 933 0533 • www.iris-hotel.ru • €€€€*

Das Personal in den Business-Hotels verfügt in der Regel über Englischkenntnisse.

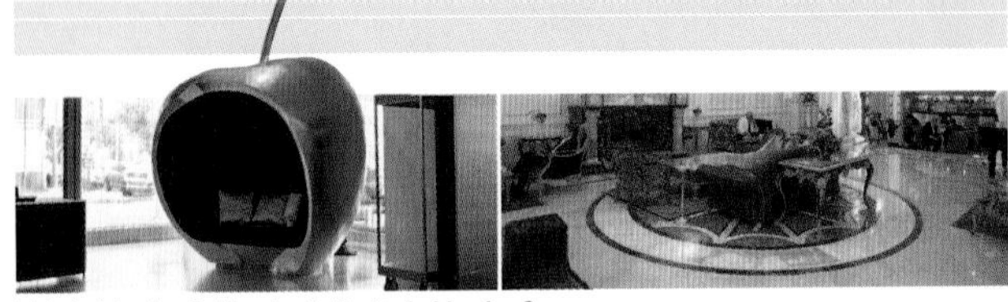

Links **Lobby des Golden Apple** Rechts **Lobby des Savoy**

TOP 10 Boutique-Hotels

1 Golden Apple

Ein riesiger goldener Apfel dominiert die Lobby dieses beeindruckenden Fünf-Sterne-Hotels in einem schönen Haus aus dem 19. Jahrhundert. Die vornehmen Zimmer sind ultramodern, die De-luxe-Apartments sind mit Philippe-Starck-Elementen bestückt. *Stadtplan E2 • Ulica Malaja Dmitrovka 11 • (495) 980 7000 • U-Bahn: Puškinskaja • www.goldenapple.ru • €€€€*

2 Metropol

Das renommierte Jugendstilhotel hat schon illustre Gäste von Tolstoj bis Al Gore beherbergt. Gestaltet wurde es von den berühmtesten Künstlern Russlands. Es gilt als eines der besten Hotels in Moskau. *Stadtplan N2 • Teatralnyj proezd 1/4 • (499) 501 7800 • U-Bahn: Teatralnaja • www.metropol-moscow.ru • €€€€€*

3 Savoy

Das 2005 renovierte Hotel verbindet hochmoderne Ausstattung mit luxuriös-neoklassischem Stil des 19. Jahrhunderts. Das Restaurant *(siehe S. 73)* ist eines der besten in Moskau. *Stadtplan N2 • Ulica Roždestvenka 3/6, Gebäude 1 • (495) 620 8500 • U-Bahn: Teatralnaja • www.savoy.ru • €€€€€*

4 MaMaison Pokrovka

Der erfrischende Stil dieses Hotels ist eine modernisierte Mischung aus 1930er und 1950er Jahren. Es ist sehr hell und mit Motiven der Moskauer Metro verziert. Die Ausstattung ist hervorragend. *Stadtplan R2 • Ulica Pokrovka 40/2 • (495) 229 5757 • U-Bahn: Čistye Prudy • www.pokrovka-moscow.com • €€€€*

5 Le Royal Meridien National

Das Grandhotel ist eines der besten der Stadt und war immer wieder Schauplatz historischer Ereignisse. Kurz nach der Revolution 1917 wohnte Lenin hier in Zimmer 107. Trotzki hielt von einem der Balkone des Hotels seine letzte Rede in Russland. *Stadtplan M3 • Ulica Mochovaja 15/1 • (495) 258 7000 • U-Bahn: Ochotnyj Rjad • www.national.ru • €€€€€*

6 East-West

Das edle Hotel hat eine intime Atmosphäre und einen wunderbaren Innenhof. Es liegt zentral in der Nähe zahlreicher Sehenswürdigkeiten. *Stadtplan L2 • Tverskoj bulvar 14 • (495) 290 0404 • U-Bahn: Puškinskaja, Arbatskaja • www.eastwesthotel.ru • €€€€€*

7 Ritz-Carlton

Das Ritz-Carlton bietet die größten Zimmer in der Stadt, Bäder mit Altai-Bergmarmor und Aussicht auf den Kreml. Zum Service gehören Schuhputzservice und ein persönlicher Butler als Fremdenführer und Dolmetscher. *Stadtplan M2 • Ulica Tverskaja 3 • (495) 225 8888 • U-Bahn: Teatralnaja • www.ritzcarlton.com • €€€€€*

8 Sovjetski

Das urige Hotel wurde 1951 auf Befehl Stalins an das exklusive Restaurant Jar *(siehe S. 99)* aus dem 19. Jahrhundert angebaut. Der im Zuckerbäckerstil gehaltene Bau besitzt einen majestätischen Marmoraufgang und Säulenhallen. *Stadtplan A2 • Leningradski prospekt 32/2 • (495) 960 2000 • U-Bahn: Leninski Prospekt • www.sovietsky.ru • €€€€*

9 Swissôtel Krasnye Holmy

Das 32-stöckige Swissôtel zählt zu den besten Fünf-Sterne-Hotels der Stadt und bietet die eindrucksvollste Aussicht in Moskau. *Stadtplan G5 • Kosmodamianskaja nab. 52/6 • (495) 787 9800 • U-Bahn: Paveleckaja • www.swissotel.com • €€€€€*

10 Leningradskaja Hilton

Das in den 1950er Jahren erbaute Vorzeigehotel der Hilton-Kette wurde kürzlich renoviert und internationalen Luxusstandards angepasst. Glanzstück ist die Lobby mit den Marmortreppen. *Stadtplan G1 • Ulica Kalančevskaja 21/40 • (495) 627 5550 • U-Bahn: Komsomolskaja • www.hilton.com • €€€€*

In den meisten Hotels kann man gegen Aufpreis Extrabetten für Kinder aufstellen lassen.

Schwimmbad im Ararat Park Hyatt

Preiskategorien

Die Preise gelten pro Person und Nacht im Standard-Doppelzimmer, inkl. Steuern und Gebühren.

€	unter 60 €
€€	60–120 €
€€€	120–200 €
€€€€	200–300 €
€€€€€	über 300 €

TOP 10 Internationale Hotels

1 Balčug Kempinski Moskau

Das Luxushotel wurde gemäß dem Standard der Kempinski-Kette renoviert. Es liegt in einem Bau aus dem 19. Jahrhundert, in dem seit 1812 verschiedene Hotels ansässig waren. *Stadtplan N4 • Ulica Balčug 1 • (495) 287 2000 • U-Bahn: Novokuzneckaja • www.kempinski-moscow.com • €€€€€*

2 Sheraton Palace

Das für seinen zuverlässig hohen Standard und die erstklassige Ausstattung bekannte Hotel hat drei Restaurants mit exzellenter Vielfalt, ein Fitness-Center und eine Joggingbahn. *Stadtplan D1 • Ulica Tverskaja-Jamskaja 1, 19 • (495) 931 9700 • U-Bahn: Belorusskaja • www.eng.sheratonpalace.ru • €€€€*

3 Novotel Moscow Centre

Das schicke, funktionale Novotel ist schlicht, aber angenehm vertraut. Es liegt nicht besonders zentral, dafür aber direkt über einer U-Bahn-Station und somit ideal für Ausflüge in die Stadt. *Stadtplan E1 • Ulica Novoslobodskaja 23 • (495) 780 4000 • U-Bahn: Mendelejevskaja • www.novotel.com • €€€*

4 Marriott Tverskaja

Das riesige Luxushotel hat eine eindrucksvolle Atriumlobby, die sich über mehrere Etagen bis zur Glasdecke erstreckt. Der Standard ist erstklassig: Es gibt fünf Konferenzräume, ein Fitness-Center und diverse Einrichtungen für Geschäftsreisende. *Stadtplan D1 • Ulica Tverskaja-Jamskaja 34 • (495) 258 3000 • U-Bahn: Belorusskaja • www.marriott.com • €€€€*

5 Radisson Slavjanskaja

Am Ufer der Moskva steht dieses riesige 410-Zimmer-Hotel mit seiner wunderbaren Aussicht auf die Stadt. Ganz in der Nähe befindet sich eine U-Bahn-Station. *Stadtplan C4 • Europaplatz 2 • (495) 941 8000 • U-Bahn: Kievskaja • www.moscow.radissonas.com • €€€€€*

6 Kebur Palace

Dieses angenehme Vier-Sterne-Hotel bietet herausragenden Service und Standard. Der Gorki-Park *(siehe S. 90)* und die Neue Tretjakov-Galerie *(siehe S. 89)* sind in Gehentfernung, das hauseigene georgische Restaurant Tiflis *(siehe S. 79)* zählt zu den besten der Stadt. *Stadtplan K6 • Ulica Ostoženka 32 • (495) 733 9070 • U-Bahn: Park Kultury • www.hotelkeburpalace.ru • €€€€€*

7 Akvarel

Riesige vergoldete Spiegel, Marmorböden und plüschige Antikmöbel verleihen dem eleganten Akvarel viel Charme. Die Angestellten sind vornehm livriert. *Stadtplan M1 • Stolešnikov pereulok 12 • (495) 502 9430 • U-Bahn: Teatralnaja • www.hotelakvarel.ru • €€€€€*

8 Holiday Inn Suščevsky

Das nicht ganz zentral, aber doch nahe an einer U-Bahn-Station gelegene Holiday Inn bietet herausragenden Standard. Zur Ausstattung gehören ein Business-Center und entsprechende Dienstleistungen. *Stadtplan A1 • Ulica Suščevski val 74 • (495) 225 8282 • U-Bahn: Rižskaja • www.holiday-inn.com • €€€*

9 Crowne Plaza

Das nahe der Moskva gelegene Hotel gehört zum World Trade Centre Moscow *(siehe S. 98)*. Ein Shuttle-Bus bringt Gäste zur nächsten U-Bahn-Station. *Stadtplan C3 • Ulica Krasnopresnenskaja 12 • (495) 258 2222 • U-Bahn: Delovoj Centr • www.crowneplaza.ru • €€€€*

10 Ararat Park Hyatt

Dieses wunderbare, vornehme Hotel liegt mitten im Zentrum von Moskau, in der Nähe des Bolšoj-Theaters *(siehe S. 18f)*. Die großen Zimmer sind großzügig eingerichtet und verfügen über bodentiefe Fenster mit herrlicher Aussicht. *Stadtplan N2 • Ulica Neglinnaja 4 • (495) 783 1234 • U-Bahn: Teatralnaja • www.moscow.park.hyatt.com • €€€€€*

Wegen des knappen Angebots an Unterkünften in Moskau sind die Hotelzimmer im Zentrum fast alle überteuert.

Textregister

N

Danksagung & Bildnachweis

Der Autor
Matt Willis ist Reiseautor und Journalist mit zahlreichen Veröffentlichungen. Die vergangenen zehn Jahre hat er in Russland und Osteuropa gelebt und gearbeitet.

Fotografien
Demetrio Carrasco

Zusätzliche Fotografien
Rough Guides/Jonathan Smith

Fact Checker
Marc Bennetts

Karten
JP Map Graphics

FÜR DORLING KINDERSLEY

Publisher
Douglas Amrine

List Manager
Christine Soroyan

Design Manager
Sunita Gahir

Senior Editor
Sadie Smith

Project Editor
Alexandra Farrell

Senior Cartographic Editor
Casper Morris

Cartographer Stuart James

DTP Designer Jason Little

Production Controller
Sophie Argyris

Design, Editorial & Bildrecherche:
Quadrum Solutions, Krishnamai, 33B, Sir Pochkanwala Road, Worli, Mumbai, India

Bildnachweis
o=oben; ol=oben links; olm=oben links Mitte; om=oben Mitte; or=oben rechts; mlo=Mitte links oben; mo=Mitte oben; mro=Mitte rechts oben; ml=Mitte links; m=Mitte; mr=Mitte rechts; mlu=Mitte links unten; mu=Mitte unten; mru=Mitte rechts unten; ul=unten links, u=unten; um=unten Mitte; uml=unten Mitte links; ur=unten rechts; d=Detail.

Dorling Kindersley dankt folgenden Personen und Institutionen für die Erlaubnis, ihre Fotografien zu reproduzieren:

4CORNERS IMAGES: SIME/Gunter Grafenhain 52ul.

ALAMY IMAGES: CuboImages srl 15ol; Gavin Hellier 4–5; Interfoto 17ol; John Lander 47or; Yadid Levy 21ul, 90ul; The London Art Archive 20mlo; Moscow/Mark Sykes 14ml; The Print Collector 23ur; Ria Novosti 6um, 13mr, 15mro, 20mu, 22ul, 22or; Joeri De Rocker 94or; Alex Segre 16–17m, 74mr; Terence Waeland 46mr.

THE ART ARCHIVE: JFB 32or.

BOLŠOJ-THEATER: 18ur, 18mlo, 19um, 19mr.

THE BRIDGEMAN ART LIBRARY: Kreml-Museen, Moscow 64m; RIA Novosti/Puškin-Museum,

St. Petersburg, *Alexandr Puškin beim Hofball,* 1937 (Öl auf Leinwand), Nikolai Pavlovič Uljanov (1875–1949) 42ml.

COMRADE HOSTEL: 112or.

CORBIS: Kuror Alexander 30f; Arcaid/David Clapp 35ol; Dean Conger 48ol, 82mr; Franz Marc Frei 88mr; Grand Toor 24–25m; ITAR-TASS/Lysceva Marina 48m; Georges de Keerle 18–19m; Olivier Martel 13um; Velikžanin Victor 15um.

EYE UBIQUITOUS: Stephen Rafferty 32ul.

JOHN FREEMAN: 62mr.

HM HOSTEL: 112om.

KITA INN BED AND BREAKFAST: 113or.

LEONARDO MEDIABANK: 58ol.

PHOTOLIBRARY: age fotostock/ Woitek Buss 42um; age fotostock/ Tom Cockrem 12–13m; Ganzalo Azumendi 12ur; Tibor Bognar 13om; Rob Crandall 32ol; Leurecht Music & Arts Photo Library 42or, 43ol; Christopher Rennie 100–101; Ellen Rooney 48ul; Liba Taylor 80–81; David Toase 8m.

GREGOR M. SCHMID: 14um.

SPUTNIK HOTEL: 114om.

TOPFOTO.CO.UK: RIA Novosti 33ol.

UNCLE PASHA: 113ol.

VISAGE MEDIA SERVICES: Epsilon 48or, 49ol; John Freeman 40ul, 60–61; Simeone Huber 62o.

ZOLOTOIJ KOLOS HOTEL: 114or.

Umschlag:
Vorderseite – 4Corners Images: Marcello Bertinetti Hauptbild; DK Images: Demetrio Carrasco ul.

Rücken – DK Images: Demetrio Carrasco u.

Rückseite – Alamy Images: Yadid Levy or; DK Images: Demetrio Carrasco om, ol.

Sprachführer

In diesem Buch wurde das international etablierte Transliterationssystem nach DIN 1460 verwendet, das auch der Duden (25. Auflage) behandelt. Es ordnet jedem kyrillischen Zeichen ein (oder zwei) Zeichen der lateinischen Schrift zu. Dieses System erleichtert Ihnen die Orientierung vor Ort wesentlich. Systeme, die sich eher nach der Aussprache kyrillischer Buchstaben richten, helfen am Reiseziel kaum weiter. Die unten aufgeführten Richtlinien ermöglichen Ihnen eine korrekte Aussprache und Betonung im Russischen. Alle Straßen- und Ortsnamen sowie die meisten Personen wurden nach diesem Prinzip umgeschrieben. Die Namen russischer Herrscher wie etwa Peter der Große werden in ihrer deutschen Form wiedergegeben.

Richtlinien zur Aussprache

Das kyrillische Alphabet besteht aus 33 Buchstaben, von denen einige keine Entsprechung im Deutschen haben. So gibt es etwa harte und weiche Vokale sowie weiche Zischlaute, die dem französischen »j« in »journal« vergleichbar sind.

In der rechten Spalte des unten aufgelisteten Alphabets wird mithilfe deutscher Wörter verdeutlicht, wie kyrillische Buchstaben ausgesprochen werden. Dabei hängt die Aussprache von der Stellung des Lauts im Wort ab, aber auch davon, ob die Silbe betont oder unbetont ist.

In diesem Sprachführer finden Sie Transliterationen der Wörter und Redewendungen, die man in vielfältigen Alltagssituationen, etwa beim Essen, im Hotel oder beim Einkaufen verwenden kann. Auf den folgenden Seiten steht in der linken Spalte die deutsche Bedeutung eines Wortes oder einer Redewendung, in der rechten die kyrillische Schreibweise und die entsprechende Transliteration nach DIN 1460. Eine Ausnahme davon bildet die Rubrik *Auf der Speisekarte*, in der aus praktischen Gründen die deutsche Übersetzung rechts angeführt wird.

Das kyrillische Alphabet

А а	**a**	S**a**nd
Б б	**b**	**B**aum
В в	**v**	**W**asser
Г г	**g**	**G**arten (Anm. 1)
Д д	**d**	**D**attel
Е е	**e**	**E**sel (Anm. 2)
Ё ё	**ë**	**J**och
Ж ж	**ž**	**Jo**urnal (stimmhaft)
З з	**z**	Ro**s**e
И и	**i**	L**i**d
Й й	**j**	Ma**i** (Anm. 3)
К к	**k**	**K**ugel
Л л	**l**	**L**and
М м	**m**	**M**ond
Н н	**n**	**N**orden
О о	**o**	S**o**nne
П п	**p**	**P**alme
Р р	**r**	**gerollt** (wie im Ital.)
С с	**s**	Lu**s**t
Т т	**t**	**T**anz
У у	**u**	L**u**pe
Ф ф	**f**	**F**ahrt
Х х	**ch**	Ba**ch**
Ц ц	**c**	**z**u
Ч ч	**č**	Ku**tsch**e
Ш ш	**š**	**Sch**atz
Щ щ	**šč**	**schtsch** bzw. langes sch
ъ		Härtezeichen, Anm. 4
Ы ы	**y**	zw. **I**gel und **Ü**bel
ь		Weichheitszeichen (Anm. 4)
Э э	**ė**	zwischen e und ä wie in **E**rbe
Ю ю	**ju**	**Ju**gend
Я я	**ja**	**Ja**hr

Anmerkungen

1) Г in den Endungen -ego und -ogo immer wie »w« gesprochen(-ewo und -owo).
2) Е in unbetonter Silbe wie in »Felsen«, am Wortanfang immer und in betonten Silben meist »je« gesprochen. Die Betonung wird üblicherweise nicht angegeben.
3) Й entfällt nach И.
4) ъ, ь viele Konsonanten werden im Russischen in einer harten oder weichen Form gesprochen. Das Härte- bzw. Weichheitszeichen ist ein Hinweis auf die Aussprache des voranstehenden Konsonanten.

Notfälle

Hilfe!	Помогите!	Pomogite!
Halt!	Стоп!	Stop!
Rufen Sie einen Arzt!	Позовите врача!	Pozovite vrača!
Rufen Sie einen Krankenwagen!	Вызовите скорую помощь!	Vyzovite skoruju pomošč!
Feuer!	Пожар!	Požar!
Polizei!	Милиция!	Milicija!
Wo ist das nächste…	Где ближайший…	Gde bližajši
…Telefon?	…телефон?	…telefon?
…Krankenhaus?	…больница?	…bolnica?
…Polizeirevier?	…отделение милиции?	…otdelenie …milicii?

Wichtige Wörter

Ja	да	da
Nein	нет	net
Bitte	пожалуйста	požalujsta
Danke	спасибо	spasibo
Hallo	здравствуйте	zdravstvujte
Auf Wiedersehen	до свидания	do svidanija
Vormittag	утро	utro
Nachmittag	день	den
Abend	вечер	večer
gestern	вчера	včera
heute	сегодня	segodnia
morgen	завтра	zavtra
Was?	Что?	Čto?
Wo?	Где?	Gde?
Wann?	Когда?	Kogda?
Warum?	Почему	Počemu
jetzt	сейчас	sejčas
später	позже	pozže

Nützliche Redewendungen

Wie geht es Ihnen?	Как Вы Поживаете?	Kak vy poživaete?
Sehr gut, danke.	Хорошо, спасибо.	Chorošo, spasibo.
Wie komme ich nach…?	Как добраться до…?	Kak dobracja do…?
Sprechen Sie Deutsch?	Вы говорите по-немецкий?	Vy govorite po-nemecki?

Sehenswürdigkeiten

Ausstellung	выставка	vystavka
Bibliothek	библиотека	biblioteka
Denkmal	памятник	pamjatnik
Festung	крепость	krepost
Galerie	галерея	galereja
Garten	сад	sad
Insel	остров	ostrov
Kathedrale	собор	sobor
Kirche	церковь	cerkov
Moschee	мечеть	mečet
Museum	выставка	musej
Palast	крепость	dvorec
Park	галерея	park
Parlament	сад	duma
Schloss	замок	zamok
Synagoge	остров	sinagoga
Zirkus	цирк	cirk
Zoo	зоопарк	zoopark

Läden

Apotheke	аптека	apteka
Bäckerei	булочн	buločnaja
Bank	банк	bank
Blumenladen	цветы	cvety
Buchhandlung	книжный магазин	knižyj magazin
Feinkostgeschäft	гастроном	gastronom
Fotoladen	фото-това	foto-tovary
Friseur	парикмахерская	parikmacherskaja
Kaufhaus	универмаг	univermag
Lebensmittel-laden	бакалея	bakaleja
Markt	рынок	rynok
Metzgerei	мясной магазин	mjasnoj magazin
Postamt	почта	počta
Plattenladen	грампластинки	gramplastinki
Schuhgeschäft	обувь	obuv
Reisebüro	бюро путешествий	bjuro putešestvi
Zeitungskiosk	газетный киоск	gazetnyj kiosk

Im Restaurant

Bitte einen Tisch für zwei. Personen.	Стол на двоих, пожалуйста.	Stol na dvoich, požalujsta.
Die Rechnung, bitte.	Счёт, пожалуйста	Sčёt, požalujsta
Frühstück	завтрак	zavtrak
Mittagessen	обед	obed
Abendessen	ужин	užin
Kellner!	официант!	oficiant!
Kellnerin!	официантка!	oficiantka!
Tagesgericht	фирменное блюдо	firmennoe bljudo
Vorspeisen	закуски	zakuski
Nachspeise	десерт	desert
Getränke	напитки	napitki
Glas	стакан	stakan
Flasche	бутылка	butylka
Messer	нож	nož
Gabel	вилка	vilka
Löffel	ложка	ložka
Teller	тарелка	tarelka
Salz	соль	sol
Pfeffer	перец	perec
Butter	масло	maslo
Zucker	сахар	sachar

Auf der Speisekarte

белое вино	beloe vino	Weißwein
бифштекс	bifšteks	Steak
блины	bliny	Pfannkuchen
борщ	boršč	Borschtsch (Rote-(Bete-Suppe)
вода	voda	Wasser
говядина	govjadina	Rindfleisch
грибы	griby	Pilze
жареный	žarenyj	gebraten/gegrillt
икра	ikra	Schwarzer Kaviar
икра красная/ кета	ikra krasnaja/ keta	Roter Kaviar
капуста	karpusta	Kohl
картофель	kartofel	Kartoffel
кофе	kofe	Kaffee
красное вино	krasnoe vino	Rotwein
курица	kurica	Hühnchen
мясо	mjaso	Fleisch
осетрина	osetrina	Stör
печёнка	pečёnka	Leber
печёный	pečёnyj	gebacken
пиво	pivo	Bier
продукты моря	produkty morja	Meeresfrüchte
рыба	ryba	Fisch
салат	salat	Salat
свинина	svinina	Schweinefleisch
сыр	syr	Käse
сырой	syroj	roh
чай	čaj	Tee
чеснок	česnok	Knoblauch
яйцо	jajco	Ei
фрукты	frukty	Obst

Im Hotel

Haben Sie ein Zimmer frei?	У вас есть свободный номер?	U vas est svobodnyj nomer?
Einzelzimmer	одноместный номер	odnomestnyj nomer
Doppelzimmer mit Doppel-bett	номер с двуспальной кроватью	nomer s dvuspalnoj krovatju
Badewanne	ванная	vannaja
Dusche	душ	duš
Portier	носильщик	nosilščik
Schlüssel	ключ	ključ

Datum & Uhrzeit

eine Minute	одна минута	odna minuta
Stunde	час	čas
Montag	понедельник	ponedelnik
Dienstag	вторник	vtornik
Mittwoch	среда	sreda
Donnerstag	четверг	četverg
Freitag	пятница	pjatnica
Samstag	суббота	subbota
Sonntag	воскресенье	voskresene

Zahlen

1	один/одна/одно	odin/odna/odno
2	два/две	dva/dve
3	три	tri
4	четыре	četyre
5	пять	pjat
6	шесть	šest
7	семь	sem
8	восемь	vosem
9	девять	devjat
10	десять	desjat
11	одиннадцать	odinnadcat
12	двенадцать	dvenadcat
20	двадцать	dvadcat
100	сто	sto
1000	тысяча	tysjača
2000	две тысячи	dve tysjači
5000	пять тысяч	pjat tysjač

Straßenverzeichnis

Straße	Planquadrat
Abelmanovskaja ul.	H5
Akademika Sacharova prospekt	G2
Arbat, ul.	K4
Arbatskaja pl.	K3
Armjanski per.	P2
Begovaja alleja	C1
Berežkovskaja nab.	B6
Bersenevskaja nab.	L5
Bogojavlenski per.	N3
Bolotnaja pl.	M5
Bolšaja Andronevskaja ul.	H4
Bolšaja Bronnaja ul.	K2
Bolšaja Dmitrovka ul.	M1
Bolšaja Dorogomilovskaja, ul.	4
Bolšaja Gruzinskaja ul.	D2
Bolšaja Jakimanka ul.	M6
Bolšaja Lubjanka ul.	N1
Bolšaja Nikickaja ul.	L2
Bolšaja Ordynka ul.	N6
Bolšaja Perejaslavskaja ul.	G1
Bolšaja Pirogovskaja ul.	C6
Bolšaja Poljanka ul.	M6
Bolšaja Sadovaja ul.	D2
Bolšaja Serpuchovskaja ul.	F6
Bolšaja Tatarskaja ul.	P6
Bolšoj Čerkasski per.	N3
Bolšoj Charitonevski per.	Q1
Bolšoj Drovjanoj per.	R5
Bolšoj Karetnyj per.	E2
Bolšoj Kislovski per.	L3
Bolšoj Levšinski per.	J5
Bolšoj Nikolopeskovski per.	K4
Bolšoj Spasogliniščevski per.	P3
Bolšoj Vlasevski per.	K5
Bolšoj Zlatoustinski per.	P2
Borovickaja pl.	M4
Burdenko, ul.	J6
Chochlovski per.	Q3
Čistoprudnyj bulvar	Q1
Denežnyj per.	J5
Dolgorukovskaja, ul.	E1
Dostojevskovo, ul.	E1
Durova, ul.	F1
Frunzenskaja nab.	D6
Gagarinski per.	K5
Gazetnyj per.	L2
Gogolevski bulvar	K4
Gončarnaja ul.	Q5
Gruzinski val, ul.	D1
Ilinka, ul.	N3
Ipatevski per.	P3
Jakimanskaja nab.	M6
Jauzskaja ul.	Q3
Jauzski bulvar	Q4
Jauzskie Vorota, pl.	Q4
Kadaševski per., 1-yj	N5
Kalančevskaja pl.	G1
Kalančevskaja ul.	G2
Kalužskaja pl.	E6
Kamergerski per.	M2
Karetnyj Rjad, Ul.	E2
Kievskaja Ul.	B5
Kitajgorodski proezd	P4
Komsomolskaja pl.	G1
Komsomolski prospekt	C6
Konjuškovskaja ul.	C3
Korovi val, ul.	E6
Kostomarovski per.	H4
Kotelničeskaja nab.	Q5
Koževničeskaja, ul.	G6
Krasnaja pl.	M3
Krasnaja Presnja, ul.	C3
Krasnocholmskaja nab.	G5
Krasnopresnenskaja nab.	B4
Krasnopresnenskoj Zastavj, pl.	C2
Krasnoproletarskaja, ul.	E1
Krasnoprudnaja, ul.	H1
Kremlevskaja nab.	M4
Krestjanskoj Zastavj, pl.	H5
Krivoarbatski per.	J4
Krivokolennyj per.	P2
Kruticki per, 3-i	H6
Krymski val, ul.	E5
Kudrinskaja pl.	J2
Kutuzovski prospekt	B4
Kuzne, ul.	M2
Kuznecki Most, ul.	N2
Lavrušinski per.	N5
Leningradski prospekt	C1
Leninski prospekt	E6
Leontevski per.	L2
Lermontovskaja pl.	G2
Lesnaja, ul.	D1
Ljusinovskaja, ul.	F6
Lopuchinski per.	K5
Lubjanskaja pl.	N2
Lubjanski per.	L2
Lubjanski proezd	P3
Lužneckaja nab.	B6
Malaja Bronnaja, ul.	K1
Malaja Dmitrovka, ul.	E2
Malaja Nikickaja, ul.	J2
Malaja Ordynka, ul.	N6
Malyj Kislovski per.	L3
Malyj Tolmačevski per.	M5
Malyj Znamenski per.	L4
Manežnaja pl.	M3
Manežnaja, ul.	M4
Mansurovski per.	K6
Marosejka, ul.	P2
Marxistskaja, ul.	H5
Milyutinski per.	P1
Mira, prospekt	F1
Mjasnickaja, ul.	P2
Mochovaja, ul.	L4
Moskvoreckaja nab.	N4
Moskvoreckaja, ul.	N4
Možajski val, ul.	B4
Mytnaja, ul.	E6
Narodnaja, ul.	R6
Neglinnaja, ul.	N1
Nikitski bulvar	K3
Nikitskie Vorota, pl.	K2
Nikolojamskaja, ul.	Q4
Nikolskaja, ul.	N2
Nižnjaja Taganskaja pl.	R6
Novaja Basmannaja, ul.	G2
Novaja pl.	N2
Novinski bulvar	J3
Novodevičja nab.	B6
Novokuzneckaja, ul.	P6
Novolužnecki proezd	B6
Novorjazanskaja, ul.	G2
Novoslobodskaja, ul.	E1
Novospasski proezd	H5
Novyj Arbat, ul.	J3
Olimpiski prospekt	F1
Ostoženka, ul.	K6
Paveleckaja pl.	F6
Petrovka, ul.	M1
Petrovski bulvar	E2
Petrovski per.	M1
Pjatnickaja ul.	N5
Plotnikov per.	J4
Pljuščicha, ul.	C5
Podgorskaja nab.	Q4
Pokrovka, ul.	Q2
Pokrovski bulvar	Q2
Potapovski per.	Q2
Prečistenka, ul.	K6
Prečistenskaja nab.	L5
Prečistenskie Vorota, pl.	L5
Presnenski val, ul.	C2
Protopopovski per.	F1
Pušečnaja ul.	N2
Puškinskaja nab.	D6
Puškinskaja pl.	L1
Raušskaja nab.	N4
Revoljucii, pl.	M2
Ročdelskaja ul.	C3
Rostovskaja nab.	C5
Roždestvenka, ul.	N1
Roždestvenski bulvar	N1
Rybnyj per.	N3
Sadovaja-Amotečnaja, ul.	E1
Sadovaja-Černogrjazskaja, ul.	G2
Sadovaja-Kudrinskaja, ul.	J2
Sadovaja-Spasskaja, ul.	F2
Sadovaja-Sukarevskaja, ul.	F1
Sadovaja-Triumfalnaja, ul.	E2
Sadovničeski proezd	P5
Sandunovski per.	N1
Savvinskaja nab.	C5
Serpuchovskaja pl.	F6
Šabolovka, ul.	E6
Sivcev Vražek, per.	K4
Smolenskaja nab.	C4
Smolenskaja pl.	J4
Smolenskaja Sennaja pl.	J5
Smolenskaja, ul.	C4
Smolenski bulvar	J5
Sofiskaja nab.	M4
Soljanka, ul.	Q3
Sojmonovski prospekt	L5
Spartakovskaja ul.	H2
Spiridonovka, ul.	K2
Sretenka, ul.	F2
Sretenski bulvar	P1
Staraja Basmannaja, ul.	H2
Staraja pl.	P3
Staromonetnyj per.	M5
Stolešnikov per.	M2
Strastnoj bulvar	L2
Svobodnoj Rossii, pl.	C3
Taganskaja ,ul.	H5
Tarasa Ševčenko, nab.	C4
Teatralnaja pl.	M2
Teatralnyj prospekt	N2
Triumfalnaja pl.	D2
Tverskaja pl.	L2
Tverskaja, ul.	L1
Tverskaja-Jamskaja ul., 1-ja	D1
Tverskoj bulvar	L2
Ukrainski bulvar	C4
Ustinskaja nab.	Q4
Valovaja, ul.	F6
Varvarka, ul.	P3
Varvarskie Vorota, pl.	P3
Verchnjaja Radiščevskaja, ul.	R5
Verchnjaja Taganskaja pl.	R5
Vetošnyj per.	N3
Volgogradski proezd	H5
Volchonka, ul.	L4
Voroncovo Pole, ul.	R3
Vozdviženka, ul.	L3
Vsechsvjatski per.	L5
Vsevolžski per.	K5
Zabelina, ul.	P3
Zacepski val, ul.	G5
Zemljanoj val, ul.	R3
Žitnaja, ul.	F6
Znamenka, ul.	L4
Zoologičeskaja, ul.	J1
Zubovskaja pl.	J6
Zubovski bulvar	J6
Zvonarski per.	N1

***Abzürzungen:* ul.** *ulica (Straße)*, **pl.** *ploščad (Platz)*, **nab.** *naberežnaja (Promenade)*, **per.** *pereulok (Gasse, Weg)*